KB272299

초역 抄譯 반야심경

초역 抄譯 반야심경

나를 바라보는 나를 위한
가장 짧은 경전

초역

抄譯

반야심경

옮겨 엮은이 정사장

굿모닝미디어

摩訶般若波羅蜜多心經
마하반야바라밀다심경

觀自在菩薩 行深般若波羅蜜多時 照見五蘊皆空 度一切苦厄

관자재보살 행심반야바라밀다시 조견오온개공 도일체고액

舍利子 色不異空 空不異色 色即是空 空即是色 受想行識 亦復如是

사리자 색불이공 공불이색 색즉시공 공즉시색 수상행식 역부여시

舍利子 是諸法空相 不生不滅 不垢不淨 不增不減

사리자 시제법공상 불생불멸 불구부정 부증불감

是故空中無色 無受想行識 無眼耳鼻舌身意 無色聲香味觸法

시고공중무색 무수상행식 무안이비설신의 무색성향미촉법

無眼界 乃至無意識界 無無明 亦無無明盡 乃至無老死 亦無老死盡

무안계 내지무의식계 무무명 역무무명진 내지무노사 역무노사진

無苦集滅道 無智亦無得 以無所得故

무고집멸도 무지역무득 이무소득고

菩提薩埵 依般若波羅蜜多故 心無罣礙 無罣礙故 無有恐怖

무고집멸도 무지역무득 이무소득고

遠離顚倒夢想 究竟涅槃
보리살타 의반야바라밀다고 심무가애 무가애고 무유공포
원리전도몽상 구경열반

三世諸佛 依般若波羅蜜多故 得阿耨多羅三藐三菩提
삼세제불 의반야바라밀다고 득아뇩다라삼먁삼보리

故知般若波羅蜜多 是大神呪 是大明呪 是無上呪 是無等等呪
고지반야바라밀다 시대신주 시대명주 시무상주 시무등등주

能除一切苦 眞實不虛
능제일체고 진실불허

故說般若波羅蜜多呪 即說呪曰
고설반야바라밀다주 즉설주왈

揭諦揭諦 波羅揭諦 波羅僧揭諦 菩提娑婆訶
아제아제 바라아제 바라승아제 모지사바하

마하반야바라밀다심경이란?

우리가 흔히 부르는 이름은 그냥 "반야심경"입니다. 하지만 원래 풀 네임은 조금 더 깁니다.

mahā prajñāpāramitā hṛdaya sutra 마하 프라즈냐파라미타 흐리다야 수트라(산스크리트 원음 표기)

한자로는 摩訶 般若波羅蜜多 心經입니다.

길어 보이지만, 한 토막씩 잘라 보면 오히려 간단합니다.

1. 마하(摩訶, mahā)

2. 반야(般若, prajñā)

3. 바라밀다(波羅蜜多, pāramitā)

4. 심(心, hṛdaya)

5. 경(經, sūtra)

이 다섯 조각을 어떻게 이해하느냐에 따라, 반야심경을 바라보는 눈도 조금씩 달라집니다. 더 솔직히 말하면 이 다섯 조각을 풀어 보는 순간, 반야심경이 말하는 수행은 '깨닫는 이론'이 아니라 '살아내는 태도'라는 게 먼저 드러나기 시작합니다.

마하, 그냥 "큰"이 아니다

마하(mahā)는 보통 "크다, 위대하다"라고 옮깁니다. 그런데 여기서 말하는 "크다"는 단순히 크기나 양이 많다는 뜻이 아니라, "내가 세워 놓은 기준으로는 도저히 재거나 가를 수 없는 차원"을 가리킵니다.

내가 생각하는 "성공/실패, 손해/이득, 옳음/그름" 같은 잣대로는 더 이상 가를 수 없는 자리. 그 자리를 가리켜 부처님들은 "크다(마하)"라고 불렀습니다. 그래서 마하를 이렇게 바꿔 읽어 볼 수도 있습니다.

"내가 세운 잣대로는 도저히 재어지지 않는, 비교와 계산을 넘어선 자리에서의…." 여기에 한 문장을 더 붙이면 이렇습니다. 마하는 "큰 분량"이 아니라, 더 넓게 포괄하는 자리 — 대승적 시야로 열리는 자리라는 뜻으로도 읽힙니다. 그리고 삶에서는 이런 순간에 마하가 문득 열립니다. 손해냐 이득이냐로는 도저히 답이 안 나는 순간, 그때가 "내 잣대로는 잴 수 없는 자리"가 열리는 때입니다.

반야, 머리가 아니라 눈이다

반야(般若, prajñā)는 흔히 "지혜"라고 옮깁니다. 하지만 "공부 많이 해서 머리가 좋은 것"을 말하는 것은 아닙니다.

반야는 "내가 붙잡던 생각과 감정, 성공과 실패, 좋다/싫다의 파도 그 자체를 한 걸음 물러나서 볼 수 있는 눈"입니다. 그러니까 반야를 이렇게도 말할 수 있습니다. "흔들리고 있는 나를, 흔들리지 않는 자리에서 바라보는 눈." 공부를 많이 해서 생기는 지식이 아니라, "아, 이것도 지나가는구나" 하고 한 번 숨 고를 수 있게 해주는 안목, 그게 반야입니다.

삶의 한 컷으로 말하면 이렇습니다. 속이 끓는데도 한

박자 멈춰 "아, 내가 지금 붙잡고 있구나"라고 볼 수 있다면, 그 순간 반야가 켜진 겁니다.

바라밀다, 건너가는 연습

바라밀다(波羅蜜多, pāramitā)는 원래 "저 언덕, 피안(彼岸)에 도달함"이라는 뜻입니다. 지금 내가 서 있는 이 언덕은 좋고 나쁨, 성공과 실패, 가졌다/못 가졌다, 이쪽 편/지쪽 편으로 끊임없이 갈라지는 곳입니다. 바라밀다는 그 갈라짐을 잠시 멈추고, "이 모든 분별이 일어났다 사라지는 더 넓은 자리"로 건너가는 연습입니다. 그래서 바라밀다를 "건너가는 실천", 또는 "분별의 강을 건너는 삶의 태도"라고 불러도 좋겠습니다.

반야가 "보는 눈"이라면, 바라밀다는 "그 눈으로 실제로 살아보는 실천"입니다. 삶의 한 컷으로는 이렇습니다. 한 번만 덜 말하고, 한 번만 덜 움켜쥐는 것 ─ 그게 건너감의 첫 걸음입니다.

심(心), 마음이자 심장

심경(心經)의 "심(心, hṛdaya)"은 그냥 마음이라는 뜻을 넘어, "심장, 핵심, 한가운데, 줄거리"라는 뜻도 함께 갖고 있습니다. 그래서 반야바라밀다심경은 이렇게 읽을 수 있습니다. "반야바라밀다 가르침의 핵심 경전." "지혜로 건너가는 길을 한 줄기로 압축한 마음의 경전."

심에 대한 삶의 한 컷을 한 줄로 붙이면, 이렇습니다.

핵심은 많지 않습니다. "보는 눈(반야)"과 "건너는 실천(바라밀다)" ― 그 두 줄기가 심장처럼 뛰는 자리입니다. 길게 풀면 이렇습니다. "마하반야바라밀다심경", "비교와 계산을 넘어선 자리에서의, 지혜로 건너가는 삶의 가장 응축된 마음의 노래."

우리가 매일같이 외우는 짧은 260자 안팎에 "보는 눈(반야)"과 "살아가는 태도(바라밀다)"의 핵심이 심장처럼 담겨 있는 셈입니다.

경(經), 한 줄기를 꿰는 실

마지막 "경(經, sūtra)"은 원래 "실, 꿰다"라는 뜻입니다. 여기저기 흩어져 있는 말과 삶의 조각들을 한 줄로

꿰어 "이 방향으로 가보라" 하고 보여주는 실 같은 것,
그래서 이름을 "경"이라고 붙인 것입니다.

그래서 한 번 이렇게 이어 볼 수 있습니다. "마하반야
바라밀다심경"은 비교를 넘어선 자리에서 보는 지혜가
우리의 일상과 고통, 선택과 후회, 늙음과 병듦과 죽음
을 어떻게 건너가게 하는지, 그 줄기를 한 번에 꿰어 보
여주는 짧은 실 ― 한 가닥입니다.

삶의 한 컷으로 말하면 이렇습니다. 흩어진 내 하루를
한 줄로 꿰어 "이쪽으로 가보라"고 조용히 잡아당기는
실입니다.

왜 '초역 반야심경'이라 했는가?

이 책의 제목은 원래 이름 전체를 다 쓰지 않고 "초역 반야심경"이라고 붙였습니다. 초역(抄譯)은 '처음 번역한다'는 뜻이 아니라, 원문을 한 글자도 빼놓지 않고 옮긴 직역이 아니라, 본문의 숨은 뜻과 살아 있는 자리를 뽑아 지금 이 시대의 언어로 풀어 옮긴 번역에 가깝습니다.

원문을 가볍게 버리려는 게 아닙니다. 오히려 원문의 중심을 오늘의 언어로 다시 숨 쉬게 하려는 방식입니다. 그래서 이 책의 '초역 반야심경'은 한문 원문을 그대로 옮기기보다는, 그 속에 담긴 핵심 의미를 추려 지금 시대의 말과 삶으로 되살려 보는 시도입니다. 이미 수

많은 반야심경 번역과 주석이 있지만, 대부분은 한문 원문과 옛 해석의 틀 안에서 움직입니다. 그래서 이 책은 조금 다른 길을 걸어보고 싶었습니다.

스님이 아닌 한 사람의 재가자가, 장사하고 실수하고 걱정하다가 겨우 한숨 돌려보는 평범한 일상의 자리에서 "마하반야바라밀다심경"이라는 이름을 다시 뼈대부터 만져 본 것입니다.

이름이 길고 거창해 보여도, 결국 이 경이 묻는 말은 단순합니다. "당신 마음은 지금 어디에 기대어 서 있습니까."

마하: 내 잣대로는 잴 수 없는 자리

반야: 흔들리는 나를 바라보는 눈

바라밀다: 건너가 보려는 실천

심: 그 모든 것을 한가운데에서 묶는 마음

경: 그 줄기를 꿰어 보여주는 한 가닥 실

이번 초역 반야심경은 이 제목 하나에 들어 있는 다섯 가지 얼굴을, 우리 삶의 언어로 다시 꿰어 보려는 작은 시도입니다.

책장을 덮고 나서 언젠가 스스로에게 이렇게 물어볼 수 있다면 좋겠습니다. "내 안에서 미히반야바라밀다심경이라는 이름이 조금은 덜 낯설어졌는가. 그리고 이 이름이 내 인생과 아주 조금이라도 연결되었는가."

그렇다면 이 길고도 짧은 제목을 둘러싼 이 설명도 자기 할 일을 다 한 것이겠지요.

초역 반야심경 서문

"당신이 곧 관자재보살입니다."

아침 햇살이 아직 창문을 뚫고 들어오지 못한 시간, 우리는 하루라는 새로운 공간 앞에 서 있습니다. 세상은 아무 말도 하지 않은 채 우리를 바라보고, 우리는 그 침묵 속에서 다시 마음을 들여다봅니다. 그때 들리는 한 문장.

"관자재보살(觀自在菩薩)."

이 단 한 글귀는 오랜 세월 동안 수많은 사람의 입에서 되뇌어졌지만, 정작 '관자재보살이 누구인가'라는 질문은 대부분 해답 없이 지나가곤 했습니다. 어떤 이는 외부에 있는 큰 존재, 부처님의 제자이거나 구원자인 보살을 떠올립니다. 하지만 이 책에서는 조용히 이렇게 읽어보려 합니다. 그 관자재보살이 바로 이 책을 읽는

‘당신’이라고.

산스크리트어 Avalokiteśvara(아발로키테쉬바라=관자재보살)이라는 이름도, 이 책에서는 “자신을 고요히 바라보는 자”라는 방향으로 풀어 읽어보겠습니다. 세상을 돕기 위해 바깥을 살피는 존재만이 아니라, 먼저 자기 마음을 觀照(관조)하는 존재로서 말입니다. 그래서 반야심경은 시작부터 “당신의 마음이 스스로를 비추는 순간”을 열어 보입니다. 이 책은 바로 그 대목에서 출발합니다.

우리는 매일 수많은 생각과 감정의 파도 속을 지나갑니다. 기쁨, 두려움, 분주함, 공허함, 기대, 실망…. 이 모든 것을 한꺼번에 관통하는 문장이 바로 “조견오온개공(照見五蘊皆空)”입니다.

오온(五蘊) — 몸과 느낌과 생각과 의지와 의식 — 은 우리의 삶을 구성하는 기본 단위이지만, 결코 단단히 고정된 실체가 아니라는 점을 이 경전은 계속해서 되짚습니다. 여기서 말하는 공(空)은 "텅 비어 있다"는 허무가 아니라, 우리가 붙잡아 굳히려는 것이 사실은 '어떤 하나로 박혀 있지 않다'는 자리, 다시 말해 변하고 흐르는 성질을 가리키는 말로 이 책에서는 이해해 보겠습니다. 그래서 공은 가능성을 닫는 말이 아니라, 오히려 가능성을 여는 선언처럼 읽힙니다.

이 책은 반야심경의 가장 어려운 단어인 "공(空)"을 멀고 딱딱한 철학 개념으로만 두지 않으려 합니다. 우리가 매 순간 겪는 감정의 변화, 마음의 움직임, 관계의 흐름 속에서 공이 어떻게 드러나는지를, 가능한 한 부드럽고 현실적으로 풀어가 보겠습니다. 그리고 당신이 이미 관자재보살의 시선으로 세상을 보고 있었음을, 조용히 확인해 보려 합니다.

이 책은 경전 해설서이지만 전통적인 주석서가 아닙니다. 산스크리트어 원문을 다루지만 학술서 또한 아닙니다. 이 책이 추구하는 것은 단 한 가지입니다. "반야심경이 당신의 일상 속에서 살아 움직이도록 하는 것." 그래서 한문 경문과 산스크리트 원어를 나란히 놓고, 그 바로 옆에서 당신이 겪는 하루의 감정·관계·고뇌·평안이 어떻게 반야심경과 사연스럽게 연결되는지를 함께 살펴봅니다. 반야심경이 깊어서 어려운 것이 아니라, 너무 가까이 있어서 오히려 보지 못했던 진실을 이 짧은 경이 드러낸다고 이 책에서는 믿어 봅니다.

우리는 모두 살아오면서 어느 순간 도저히 설명되지

않는 고통과 마주합니다. 그럴 때 반야심경은 우리에게 이렇게 말하는 것 같습니다. "너는 아직 갇혀 있는 존재가 아니다. 너는 이미 고통 저편을 건너갈 수 있는 마음을 지니고 있다."

도일체고액(度一切苦厄). 이 짧은 다섯 글자는 고통이 '없어지는' 이야기가 아니라, 고통을 '고정된 나의 운명'으로 받아들이지 않는 마음의 힘을 가리킵니다. 고통이든 나 자신이든, 어느 것도 딱 굳은 실체로 붙잡을 수 없다는 사실을 알아차릴 때, 우리는 조금씩 건너가기 시작합니다. 이 책은 바로 그 마음을 독자의 안쪽에서 깨우는 안내서가 되고자 합니다.

이 서문은 당신에게 조용히 말을 겁니다. "당신이 바로 그 보살입니다." 당신이 지금 이 문장을 읽고 있는 순간, 당신은 이미 마음을 비추는 일을 시작했습니다. 이 책이 그 여정에 작은 등불이 되기를 바라는 마음뿐입니다. 이 책은 반야심경을 이해하기 위해 읽는 책이 아니라, 읽는 동안 마음이 덜 굳어지는지를 잠시 살펴보는 책입니다.

이제 반야심경을 함께 읽어봅시다. 부처님 이야기가 아니라, 지금 당신 마음의 이야기로.

옮겨 엮은이 정사장(正事長)

관자재보살 행심반야바라밀다시
觀自在菩薩 行深般若波羅蜜多時

이 첫 구절은, '나를 바라보는 나'로도 읽어볼 수 있습니다.

이 책은 반야심경의 전통 번역을 부정하려는 글이 아닙니다. 다만 그 번역 위에, 수행의 관점에서 한 겹을 더 얹어 "지금 여기"에서 읽어보려는 시도입니다.

관자재보살(觀自在菩薩)에서 '관(觀)'은 바라보고 비추는 마음을, '자재(自在)'는 얽히지 않는 사유로운 자리를 뜻합니다. 그래서 관자재보살은 "자유로운 마음으로 존재를 있는 그대로 바라보는 이"라는 뜻입니다.

그런데 반야심경에서 말하는 관자재보살은 어딘가로 찾아가야 할 신도 아니고, 멀리 앉아 있는 보살만도 아넘니다. 조용히 눈을 감거나, 잠깐이라도 판단이 멈추는 순간을 만나면 내 마음 안에서 고요한 알아차림이 일어나는 때가 있습니다. 이 책에서는 바로 그 자리를 관자재보살의 자리로 불러 보려 합니다. 더 직접 말하면, 이 책에서의 관자재보살은 지금 이 글을 읽는 독자님의 마음에서 깨어나는 '비추는 힘'입니다. 관자재보살은 멀리 있는 누군가가 아니라, 독자님 안에서 독자님을 바라보는 그 알아차림의 이름이기도 합니다.

이 이름의 본래 범어 이름은 우리가 소리로 옮겨 부르는 '아발로키테쉬바라'입니다. 이 이름을 의미로만 풀어 보면 이런 결이 있습니다. 다가와서, 조용히 바라보고, 흔들리지 않고 넉넉하게 머무는 존재.

셋을 한데 모으면 '관자재보살'은 누군가를 바라보는 내가 아니라, 나를 바라보는 나를 가리키는 이름으로도 이해해 볼 수 있습니다. 남을 재단하는 눈이 아니라, 내 마음이 내 마음을 바라보는 바로 그 순간. 그 고요함 속에서 깨어나는 의식, 그 자리가 곧 관자재보살입니다.

우리는 종종 관자재보살을 아주 특별한 존재로 생각해 왔습니다. 물론 신행(信行)의 자리에서는 관세음·관자재보살을 밖의 보살로 공경합니다. 그러나 수행(修行)의 자리에서 이 이름을 다시 들여다보면 조금 다른 결이 드러납니다. 관자재보살이라는 이름은 어떤 초월적 힘을 가진 존재만을 가리키기보다, 내 마음이 가장 고요해지는 순간에 드러나는 '집착에서 잠시 벗어난 나'를 가리키는 이름으로도 읽힙니다. 여기서 말하는 '나'는 변하지 않는 실체가 아니라, 집착이 풀린 무아(無我)의 마음자리입니다.

예를 들면 이런 순간들입니다. 걷다가 문득 바람이 볼에 스치는 것을 느낄 때, 복잡한 생각이 잠시 멈추고 그냥 '지금'이 선명해지는 순간이 있습니다. 그때 우리는 누군가를 바라보는 것이 아니라, 나를 바라보고 있습니다. 관자재보살은 바로 그 순간의 나, 내 안에서 나를 비추는 지혜의 눈이라고 해도 좋겠습니다. 결국 보살이 따로 있는 것이 아니라, 보살처럼 깨어 있으려는 마음이 있을 뿐입니다. 그래서 관자재보살은 내가 부르는 이름이기도 하지만, 더 정확히는 내가 되어 가는 자리입니다.

그리고 그 다음 이어지는 말이 행심반야바라밀다시(行深般若波羅蜜多時)입니다. "깊은 반야바라밀다를 행하고 있을 때." 이 말은 머릿속에서만 반야를 생각하는 것이 아니라, 반야바라밀다(般若波羅蜜多) ― 곧 '지혜로 저 언덕(피안)까지 건너가는 길'을 실제 삶에서 걷는다는 뜻입니다. 다시 말해, 지혜를 책 속 개념으로만 두지 않고, 매일의 선택과 말과 마음에서 한 걸음씩 익혀 가는 삶을 가리킵니다.

그래서 저는 그 길을 때로는 '지혜의 바다'라고도 부릅니다. 바다는 넓고 깊어서 한 번에 다 알 수 없고 한 걸음씩 들어가야 하듯이, 반야도 그렇게 삶 속에서 조금씩 몸으로 익혀지기 때문입니다. 그리고 여기서 그 길을 걷는 이도 어디 먼 데 있는 보살이 아닙니다. 반야바라밀다의 길을 향해 걸어가는 존재는, 이 책의 관점에서는 결국 관자재보살처럼 깨어 있으려는 '독자님 자신'입니다.

수행이란 거창한 누군가가 따로 하는 일이 아닙니다. 나의 마음이 조금씩 조용해지고, 조용해진 마음이 조금씩 깊어지는 과정입니다. 그 길을 걷는 이는 어디 밖에 있는 관자재보살이라는 '타자(他者)'만이 아니라, 그 보살을 공경하며 살아가는 나 자신 안에서 깨어난 관자재의 마음, 즉 '내가 스스로를 바라보는 나'입니다.

관자재보살은 전통적으로는 자비의 보살을 가리키지만, 이 책에서는 그와 더불어 '내 인생을 비추고 있는 내 마음'이라는 뜻으로도 읽어 보겠습니다. 이 첫 구절은 이렇게 말하는 것과 같습니다. 관자재보살은 멀리 있지 않다. 지금, 이 글을 읽는 독자님의 마음에서 조용히 깨어난다.

이 책 전체는 관자재보살을 '멀리 있는 성인의 이름'으로만 보지 않고, 지금 이 글을 읽고 있는 독자 한 사람 한 사람의 마음에서 조용히 깨어나는 지혜의 이름으로 다시 읽어 보려는 작은 시도입니다. 그러니 이 글은 "새 번역"이라기보다, 같은 문장을 다른 결로 다시 듣게 하는 독해에 가깝습니다. 독자님이 이 결을 따라 한 번이라도 고요해진다면, 그 순간 이미 첫 구절은 독자님 안에서 완성되고 있는 것입니다.

조견오온개공
照見五蘊皆空

나를 비추는 순간

照見五蘊皆空(조견오온개공)은 "비추어 보니 다섯 온이 모두 공했다"는 뜻입니다. 그런데 이 문장을 읽을 때, 가장 먼저 분명히 해야 할 것이 있습니다. 누가, 무엇을 비추는가입니다.

이 책에서는 그 '비추는 주체'를 멀리 있는 어떤 존재로 두기보다, 앞에서 말한 관자재보살 — 곧 내 안에서 깨어나는 비추는 마음으로 읽어 보려 합니다. 반야심경의 길을 걷는 동안 "누가 무엇을 비추는가"라는 질문은 한 번도 놓쳐서는 안 되는 중심 축이 됩니다.

나를 바라보는 나 — 조용한 알아차림의 시작

....

'비춘다'는 것은 힘을 줘서 뚫어져라 쳐다본다는 뜻이 아닙니다. 마음이 스스로 잦아들면서, 사물과 자신이 또렷하게 드러나는 순간을 말합니다. 걱정이 많아 흐려져 있던 마음이 어느 순간 문득 가라앉아, 자기 자신을 부드럽게 비추기 시작하는 때가 있습니다. 그때의 시선은 남을 재단하는 눈이 아니라, 내 마음이 내 마음을 알아차리는 눈입니다. 이것이 반야심경이 말하는 '관(觀)'의 시작입니다.

오온(五蘊)이란 우리가 '나'라고 착각해 온 다섯 겹의 요소를 말합니다.

- 色(색): 몸, 형태
- 受(수): 느낌, 감정
- 想(상): 생각, 이미지
- 行(행): 습관, 충동, 의지의 흐름
- 識(식): 알아차림과 인식의 작용(대상을 분별하고 '이

것이다'라고 붙잡는 작용까지 포함합니다)

우리는 평생 이 다섯을 한데 묶어 "이게 나지" 하고 굳게 믿어 왔습니다. 그러나 고요한 알아차림은, 이 다섯을 단단한 '나'라는 실체로 보지 않습니다. 잠시 모였다가 흩어지는 과정의 모습으로 봅니다. '온(蘊)'이라는 말 자체가 탄탄한 덩어리라기보다, 임시로 모여 있는 다발이라는 뜻입니다. 그래서 오온은 '나'라는 실체가 아니라, 인연 따라 모였다가 다시 흩어지는 다섯 겹의 움직임일 뿐입니다.

"공(空)"은 '없다'가 아니라 '고정되어 있지 않음'이다

여기서 말하는 공(空)은 "아무것도 없다"는 뜻이 아닙니다. 인연 따라 생겨나고 사라질 뿐, 스스로 서 있는 고정된 실체(自性)가 없다는 뜻입니다. 그래서 이 책에서는 공을 not fixed, '고정되어 있지 않음'으로 풀어 보려 합니다.

- 고정된 실체가 없다
- 붙잡을 '나'가 따로 서 있지 않다
- 흐름이 잠시 '나'처럼 보일 뿐이다

이 통찰은, 우리가 '나'라고 집착해 온 것들이 사실은 잠시 모였다 흩어지는 인연의 그림자였음을 부드럽게 비추어 줍니다.

나를 비추면, 고통이 실제로 줄어든다

"오온이 공하다"는 사실을 머리로만 이론처럼 말할 때는 삶이 잘 바뀌지 않습니다. 그러나 내가 나를 비추기 시작할 때, 고통은 실제로 줄어듭니다. 고통의 큰 몫이 "이게 바로 나야"라는 집착에서 일어나기 때문입니다. '나'로 붙잡았던 것이 얼마나 흐르는 것이었는지를 알아차리는 순간, 마음은 조금씩 풀리기 시작합니다.

照見五蘊皆空(조견오온개공)은 언뜻 어려운 말 같지만, 사실은 우리 삶과 가장 가까운 자리에서 고통이 풀려 나가는 과정을 한 줄로 압축한 표현입니다. 한 줄로 정리하면 이렇습니다. '조견오온개공'은, 내 마음이 나를 비추는 순간, '나라고 믿어 온 다섯 겹이 본래 고정된 실체가 아님'을 조용히 알아차리는 일입니다.

그리고 한 가지 덧붙이겠습니다. 어떤 분은 관자재보살을 밖에서 공경하며 부릅니다. 이 책은 그 마음을 존중하면서도, 동시에 이 구절을 내 안에서 깨어나는 비추는 마음으로도 읽어 보려 합니다. 반야의 길은 그렇게, '지금 여기'에서 계속 이어집니다.

도일체고액
度一切苦厄

스스로를 비추는 그 순간, 고통의 큰 몫이 옅어진다

'조견오온개공'의 깨달음이 깊어지면 자연스럽게 다음 문장으로 이어집니다. 度一切苦厄(도일체고액), "모든 고통을 건너게 한다." 이 책에서는 이때 '건너게 하는 이'를 어디 밖에 있는 다른 존재라기보다, 독자님 마음 안에서 깨어나는 아발로키테쉬바라(관자재보살) ― 곧 나를 바라보는 나 자신으로 읽어 보려 합니다. '아발로키테쉬바라'라는 이름을, 이 책에서는 '밖의 이름'이라기보다 내 안에서 나를 비추어 보는 조용한 알아차림의 다른 이름으로 잠시 빌려 쓰겠습니다.

'고통을 건너다'의 진짜 의미

고통을 건너간다는 것은 고통을 마술처럼 없애 버린다는 뜻이 아닙니다. 고통을 만들어 내던 '나라는 착각'이 — 불교에서는 이를 아집(我執)이라고 부릅니다 — 조금씩 가벼워질 때, 그에 따라 고통도 함께 자연스럽게 옅어 지는 과정을 말합니다. 우리가 '나'라고 붙잡고 있던 것들이 사실은 잠시 모였다 흩어지는 인연의 그림자였음을 조금씩 알아차리게 될 때, 그만큼 고통도 서서히 힘을 잃어 갑니다.

나를 비추면, 고통이 줄어든다

오온이 공하다는 사실을 머리로만 이론처럼 이야기할 때는 우리 삶에 별 변화가 일어나지 않습니다. 그러나 독자님 마음속에서 자기 자신을 바라보는 지혜가 깨어

나, '나를 바라보는 나'가 실제로 나를 비추기 시작할 때 "이게 바로 나야" 하고 붙잡아 온 것들이 하나씩 풀리기 시작합니다. 그만큼 고통도 자연스럽게 줄어듭니다. 체 감상 고통의 상당 부분은 — 어쩌면 절반 이상은 — 무 엇인가에 '나'라는 이름을 씌우는 순간 함께 생겨나기 때 문입니다.

주체는 언제나 '나 자신'이다

....

정말 중요한 한 가지는, 이 책이 말하는 이 과정의 주 체가 언제나 '나 자신'이라는 점입니다. 누군가는 관자 재보살을 밖에서 공경하며 부르고, 그 자비에 기대어 마 음을 다독이기도 합니다. 이 책은 그 마음을 존중하면 서도, 동시에 이렇게도 읽어 보려 합니다. 처음부터 끝 까지 내 안에서 나를 비추고 있는 고요한 마음 — 곧 '나 를 비추는 고요한 나' — 를 다른 이름으로 관자재보살

이라 부르고, 그 마음이 고통을 건너가는 길을 '반야바
라밀(般若波羅蜜)'이라 부르는 이야기로 말입니다.

도일체고액(度一切苦厄)

모든 고통을 건너가는 이도 멀리 있는 어떤 존재만이
아니라, 지금 이 글을 읽고 있는 독자님 마음속의 아발
로키테쉬바라 — 곧 독자님 자신이라고, 이 책은 믿고
싶습니다.

사리자 색불이공 공불이색
舍利子 色不異空 空不異色
공(空)은 '없음'이 아니라 '고정되어 있지 않음(not fixed)' 이다

　반야심경은 이 지점에서 독자님에게 직접 말을 건네는 듯한 어조로 이어집니다. 舍利子(사리자)는 이 책에서는 논리와 지식으로만 이해하려는 독자님의 한쪽 마음을 상징하는 인물로 읽어 보겠습니다. 그리고 그 마음에 부드럽게 말을 건네는 존재를, 독자님 마음속의 아발로키테쉬바라(관자재보살), 즉 독자님 안에서 스스로를 비추는 고요한 '나'로 이해해 보려 합니다.

색불이공(色不異空) —
"보이는 것은 본래 고정되어 있지 않다"

色(색)은 눈에 보이는 모든 모습과 형체를 가리킵니다. 空(공)은 '비어 있음'이 아니라, 고정된 실체가 없음, 곧 not fixed를 뜻합니다. 不異(불이)는 다르지 않다, 둘이 아니라는 뜻입니다.

따라서 色不異空은 이렇게 풀 수 있습니다. "눈에 보이는 모든 것은 본래 고정되어 있지 않다." 무언가가 형체를 가지고 드러난다는 것은, 그 형체가 어떤 조건 아래에서 생겨나고 사라진다는 뜻입니다. 다시 말해 "지금 이렇게 보이는 나"라는 모습도 고정된 실체가 아니라, 여러 인연이 잠시 모여 이루어진 하나의 장면일 뿐입니다.

우리는 변하는 것을 볼 때마다 이미 공(空)의 성질을 보고 있습니다. 몸은 변하고, 감정은 변하고, 생각은 변하고, 삶의 조건도 쉼 없이 변합니다. 변한다는 것은 단단한 실체가 아니라는 뜻이고, 단단한 실체가 아니라는 것은 곧 고정되어 있지 않다는 뜻입니다. 즉, 색은 공과 다르지 않습니다. 보이는 것은 본래 고정되어 있지 않습니다.

공불이색(空不異色) —
"고정되어 있지 않음은 언제나 모습으로 드러난다"

이번에는 반대 방향에서 확인해 봅니다. 空(공)은 허무가 아닙니다. 아무것도 없는 진공 상태를 말하는 것도 아닙니다. 공은 "고정된 실체가 없다"는 진실을 가리킵니다. 이 진실은 언제나 어떤 모습, 곧 色으로 드러납니다. 뜻을 차근차근 정리하면 이렇습니다. 세상 모든 것은 고정된 실체가 없기 때문에 하나의 모습에 갇혀 있지 않고, 조건에 따라 순간순간 다양한 형태(色)로 드러납니다. 그리고 그 드러남과 변화의 방식 자체가 곧 공

(空)의 성질입니다. 공과 색은 서로 떨어져 있는 두 개의 다른 것이 아니라, 한 가지 현실을 바라보는 두 방향입니다. 공은 색으로 드러나고, 색은 공의 방식으로 존재합니다.

공은 허무가 아닙니다. 공은 "고정된 실체가 없다"는 진실이며, 그 진실은 언제나 형태와 사건, 곧 '색'으로 나타납니다. 바람은 보이지 않지만 흔들리는 나뭇잎으로 드러나고, 마음은 보이지 않지만 표정과 말과 행동으로 드러나는 것처럼 말입니다.

우리 눈에 바로 보이고 손에 잡히는 모든 겉모습을 색(色)이라고 부릅니다. 그리고 그 겉모습들이 하나로 굳어 있지 않고, 인연 따라 얼마든지 변할 수 있다는 사실, 그 '고정되어 있지 않음'을 공(空)이라고 부릅니다. 그래서 색은 우리가 직접 보고 겪는 모습이고, 공은 "그 모습이 진짜 고정된 내가 아니다"라는 진실입니다.

오래된 착각 하나가 풀리는 순간, 이 구절이 마음에 또렷이 자리 잡는 순간, 독자님 마음속에서 한 가지 큰 오해가 풀립니다. 그 오해는 바로 "나는 변하지 않는 실체다"라는 착각입니다. 이 대목을 이 책에서는 이렇게 풀어 봅니다. 우리가 '나'라고 붙잡고 있는 것은 모두 고정되어 있지 않은 것들입니다. 다시 말해 끊임없이 변해 가는 과정일 뿐입니다. 이 사실을 깊이 알아차리는 순간, 고통은 눈에 띄게 줄어들기 시작합니다. 체감상 고통의 상당 부분, 어쩌면 절반 이상은 "변하지 않는 나"를 지키려는 집착과 두려움에서 비롯되기 때문입니다.

色不異空 空不異色(색불이공 공불이색)은 이 오래된 착각을 단숨에 비추어 보는 지혜입니다. 그리고 이 진실을 발견하는 주체를, 이 책은 멀리 있는 어떤 특별한 보살만이 아니라, 바로 지금 이 글을 읽고 있는 독자님 마음속의 아발로키테쉬바라(관자재보살), 곧 '나를 바라보는 나 자신'으로 이해해 보려 합니다.

그렇게 "나를 바라보는 나"의 눈이 조금씩 밝아질수록, 공(空)은 더 이상 "없다"는 허무가 아니라 "모든 것이

고정되어 있지 않기에, 지금 이 순간이 더 또렷해지는
자리"로 자연스럽게 드러나기 시작합니다.

색즉시공 공즉시색
色即是空 空即是色
보이는 순간에도 이미 '고정되어 있지 않음'이 드러난다

'色即是空(색즉시공)'이라는 말은 반야심경 전체에서 가장 유명한 문장 가운데 하나입니다. 그런데 이 문장을 제대로 이해하면 "내가 왜 고통을 덜고 가벼워질 수 있는가"라는 이유가 순식간에 또렷해집니다. 여기서 말하는 '色(색)'과 '空(공)'은 서로 다른 두 세계가 아니라, 한 가지 현실을 두 방향에서 본 것입니다.

색즉시공(色卽是空) — "보이는 모든 것은 '보이는 그 순간'에 이미 고정된 실체가 아니다"

- 色(색): 보이는 것, 형체, 장면, 감정, 사건
- 卽(즉): 바로 ~이다
- 空(공): 고정되어 있지 않음(not fixed)

따라서 色卽是空은 이렇게 풀 수 있습니다. "보이는 모든 것은 '보이는 그 순간'에 이미 고정된 실체가 아니다." 우리 삶을 찬찬히 돌아봐도 이 말은 철학이 아니라 날마다 겪는 현실입니다.

- 몸은 하루하루 변하고
- 감성은 몇 분 사이에도 바뀌고
- 생각은 몇 초마다 생겨났다 사라지고
- 관계는 상황 따라 끊임없이 달라지고
- 인생의 자리도 계속 흘러갑니다

이 모든 것은 단단한 고체가 아니라 흐르는 과정입니다. 과정이란 변하기 때문에 과정이고, 변한다는 것은 고정된 실체가 없다는 뜻입니다. 그래서 이 책에서는 색즉시공을 이렇게도 풀어 봅니다. "보이는 모든 것의 성질을 '고정되어 있지 않음'으로 이해해 볼 수 있다." 색(色)은 우리가 보는 형체이지만, 그 형체는 본래부터 굳어 있는 실체가 아니라 인연 따라 잠시 그렇게 드러난 과정일 뿐입니다.

공즉시색(空即是色) —
"고정되어 있지 않음'은 언제나 형체로 드러난다"

이번에는 반대 방향입니다. '空(공)'은 아무것도 없는 진공 상태가 아닙니다. 이 책에서는 공을 한마디로 "고정되어 있지 않음"이라는 진실을 가리키는 말로 풀어 보겠습니다. 그리고 이 진실은 언제나 '색(色)', 즉 어떤 모습과 사건을 통해 드러난다고 이해해 볼 수 있습니다. 예를 들어 바람은 보이지 않지만 흔들리는 나뭇잎으로 드러납니다. 마음은 보이지 않지만 표정과 말투와 행동으로 드러납니다. 인연은 보이지 않지만 사건과 변화로 드러납니다.

이런 식으로 이해할 수 있는 관계를, 이 책에서는 반야심경의 '空即是色(공즉시색)'이라는 한 구절이 드러내고 있다고 읽어 봅니다. 정리하면 '색'의 깊은 바탕을 '공'이라고 이해해 볼 수 있고, '공'이 드러난 모습을 '색'이라고 볼 수 있습니다 둘은 서로를 떠날 수 없는 관계입니다. 둘은 둘이 아니라 하나의 움직임으로도 볼 수 있습니다. 독자님이 이 구절을 정확히 이해하는 순간, 삶이 실제로 가벼워지기 시작합니다.

왜냐하면 이때 처음으로 "내가 붙들고 있던 많은 것들이 변하지 않는 실체가 아니다"라는 사실을 명확히 보기 때문입니다. 그 사실을 알아차리는 순간, 변하는 감정에 휘둘리지 않고, 지나가는 사건에 눌리지 않고, 사라지는 인연을 죽어라 붙잡지 않게 됩니다. "이대로는 안 된다"는 두려움도 줄어들고, 이미 지나간 과거도 조금씩 가벼워집니다.

그리고 이 진실을 알아보는 주체를, 이 책에서는 어떤 신이나 어디 먼 데 있는 보살만이 아니라, 독자님 마음속의 아발로키테쉬바라, 곧 '나를 바라보는 나 자신'으로도 이해해 보고자 합니다.

수상행식 역부여시
受想行識 亦復如是

앞에서 "색(色)도 고정된 실체가 아니다(공)"라고 비추어 보았듯이, 느낌(受)·생각(想)·의지와 습관(行)·의식(識)도 모두 마찬가지입니다. 즉, 이 네 가지 마음의 작용도 인연 따라 잠시 일어났다 사라지는 흐름일 뿐, 붙잡아 '나'라고 할 고정된 본체가 없다는 것입니다.

앞에서 우리는 色卽是空 空卽是色(색즉시공 공즉시색)을 통해 "형체(色)는 본래 고정되어 있지 않다(not fixed)"는 사실을 확인했습니다. 이제 반야심경은 그 시선을 마음의 영역 전체로 확장합니다. 눈에 보이는 형체뿐 아니라, 눈에 보이지 않는 마음의 작용도 똑같이 고정됨이 없다고 이 경전은 말하고 있습니다.

수상행식(受想行識) — 마음의 네 가지 작용

• 受(수): 느낌

기쁨, 분노, 불안, 편안함 같은 감정의 결을 가리킵니다. 몸과 마음이 어떤 자극을 만났을 때 "좋다, 싫다, 편하다, 불편하다" 하고 느낌으로 반응하는 자리입니다.

•想(상): 생각과 이미지

떠오르는 관념, 기억, 판단, 상상, 해석 같은 것들입니다. 어떤 장면을 보며 "저 사람은 어떨 것이다", "이건 좋은 일이다" 하고 이름 붙이고 의미를 부여하는 작용이 想입니다.

- **行(행): 의지와 마음의 움직임**

습관, 선택, 의도, 충동, 성향, 반응 패턴을 통틀어 말합니다. "나는 원래 이런 사람이야"라고 할 때 우리가 가리키는 성격과 패턴과 습관의 덩어리가 바로 行입니다.

- **識(식): 의식의 알아차림**

'지금 여기'에서 일어나는 분별과 인식입니다. 보고, 듣고, 느끼고, 생각하고 있다는 사실을 알아차리는 마음이 識입니다.

반야심경은 이 네 가지 정신 작용 전체를 한 번에 묶어 말합니다.

역부여시(亦復如是) — "이 네 가지도 모두 이와 같이 고정되어 있지 않다"

亦(역)은 "또한", 復(부)는 "다시, 거듭", 如是(여시)는

"이와 같이"라는 뜻입니다. 그래서 亦復如是는 이렇게 옮길 수 있습니다. "受·想·行·識도 모두 色과 마찬가지로 고정되어 있지 않다." 즉 형체(色)만 공(空)인 것이 아니라, 느낌과 생각과 습관과 의식까지도 전부 고정된 실체가 아니라고 이 책에서는 이해해 봅니다.

受(느낌)는 고정된 감정이 아니다

어떤 감정도 영구히 지속되지 않습니다. 기쁨도 사라지고, 슬픔도 옅어지고, 분노도 지나갑니다. 감정은 단단한 고체가 아니라 끊임없이 출렁이는 파도와 같습니다. 올라왔다가 머물렀다가 사라집니다. 감정은 본래 고정되어 있지 않습니다.

想(생각)은 '나의 본질'이 아니다

떠오르는 생각은 우리가 '나'라고 착각해 온 것 중 가장 오해가 많은 대상입니다. 생각은 기분, 환경, 기억, 정보에 따라 수시로 끼어들고 흘러가고 바뀌고 또 생겨납니다. 생각이 있다가 사라지고, 또 새로운 생각이 옵니다. 이것은 '굳어 있는 나'가 아니라 잠시 스쳐 지나가는 과정일 뿐입니다. 생각 역시 고정되어 있지 않습니다.

行(의지)과 마음의 습관도 변할 수 있다

行(행)은 오래 굳어진 습관, 순간적으로 튀어나오는 반응, 선택하고 결심하는 의지, "나는 원래 이렇다"고 믿는 자기 이미지까지 모두를 가리킵니다. 우리는 자주 이렇게 말합니다. "나는 원래 소심한 사람이야." "나는 원래 화를 잘 내." 이 말 속에는 "나는 안 변해"라는 숨은 전제가 깔려 있습니다.

이 책에서는 반야심경의 가르침을 이렇게도 들어 봅니다. '고정된 나'라는 것은 없으며, 行은 만들어진 것입니다. 만들어진 것은 다시 만들어질 수 있고, 조건이 바뀌면 함께 바뀝니다. 그래서 行도 본래 고정되어 있지 않다고 이해해 볼 수 있습니다.

識(의식)은 흐름 속에서 잠시 깨어난다

識은 "지금 이 순간" 일어나는 알아차림입니다. 하지만 이 의식도 또렷했다가 흐려지고, 깨어 있다가 멍해지고, 집중하다가 산만해지고, 계속 바뀝니다. 의식은 절대 끊어지지 않는 단단한 '나의 중심'이 아니라, 순간순간 새롭게 일어나는 흐름입니다. 識 역시 고정된 실체가 아닙니다.

마음 전체'가 원래부터 흐름입니다. 受·想·行·識까지

시선을 넓혀 보면 반야심경의 가르침은 한층 더 또렷해집니다. "독자님의 몸과 마음을 구성하는 모든 것은 본래 고정되어 있지 않다. 그러므로 그것들은 고통의 궁극적인 근거가 될 수 없다"라고 이 책에서는 풀어 봅니다.

생각도 감정도 의지도 의식도, 붙잡으려고 할 때 고통이 생깁니다. 원래는 모두 흐름일 뿐인데, 우리가 "이게 나야", "이건 절대로 변하면 안 돼" 하고 굳혀 쥐는 순간 괴로움이 시작됩니다. 반야심경은 말합니다. 흐름을 흐름으로 볼 때, 고통은 훨씬 가벼워진다.

그리고 이 사실을 알아차리는 주체를, 이 책에서는 어디 먼 데 있는 특별한 보살만이 아니라 우리 각자의 마음으로도 보려고 합니다. 그 아발로키테쉬바라를, 이 책에서는 독자님 마음속에서 "지금 이 글을 읽고 있는 바로 그 자리"에 깨어 있는 당신 자신으로도 이해해 보려 합니다.

사리자 시제법공상 불생불멸
불구부정 부증불감
舍利子 是諸法空相 不生不滅
不垢不淨 不增不減
모든 법은 고정된 자성이 없기에, 붙잡을 '실체'가 없다

사리자 시제법공상(舍利子 是諸法空相) ―
"사리자여, 모든 현상은 공의 모습이다"
....

- 舍利子(사리자): 사리불, "사리자여(샤리푸트라여)"

- 是(시): ~은 곧 ~이다

- 諸法(제법): 모든 법, 모든 존재와 현상

- 空相(공상): 공(空)한 모습, 고정된 자성이 없는 모양

위 한 문장이 먼저 바닥을 깔아 줍니다. 세상 모든 것

은 '그 자체로 굳어 있는 본질'이 아니라, 인연 따라 잠시 드러난 모습일 뿐이라는 뜻입니다. 이 책에서는 그 자리를 "고정되어 있지 않음(not fixed)"으로 읽어 봅니다. 붙잡을 만한 단단한 본체가 아니라, 변해 가는 방식으로 존재한다는 뜻입니다.

불생불멸(不生不滅) ―
"진짜로 생긴 것도 없고, 진짜로 사라진 것도 없다"

- 不生(불생): 나지 않는다, 생겨난 적이 없다
- 不滅(불멸): 없어지지 않는다, 사라진 적이 없다

여기서 말하는 "생기지 않는다"는, 눈앞에서 아무 일도 일어나지 않는다는 뜻이 아닙니다. "사라지지 않는다"도 마찬가지입니다. 생기고 사라지는 일은 분명히 일어납니다. 다만 그것을 "영구한 실체의 탄생"이나 "영구한 실체의 소멸"로 착각하지 말라는 뜻입니다. 색(몸)·수(느낌)·상(생각)·행(습관과 의지)·식(의식)까지 모두 흐름입니다. 우리는 편의상 "시작"과 "끝"을 그어 말하지만, 실제 경험을 들여다보면 '딱 이 순간부터 완전히 생겼다', '딱 이 순간 완전히 끝났다'는 경계는 잘 잡히지 않습니다. 그래서 불생불멸은 이렇게도 들립니다. 고정된 실체가 없으니, 참된 의미에서 "생김"과 "사라짐"에 붙잡힐 것도 없다.

불구부정(不垢不淨) — "본래 더러운 마음도 없고, 본래 깨끗한 마음도 없다"

- 不垢(불구): 더럽지 않다
- 不淨(부정): 깨끗하지도 않다

이 구절이 겨누는 표적은 분명합니다. "내 마음은 원

래 더러워", "저 사람은 원래 깨끗해"와 같은 고정된 판결입니다. 반야심경은 그 판결을 멈추게 합니다. 더러움과 깨끗함은 경험 속에서 생겼다가 사라지는 평가이고, 그 평가가 마음의 본질이 되지는 않는다는 뜻입니다. 마음은 감정과 생각과 기억이 오고 가는 열린 자리입니다. 어떤 순간에는 어두운 생각이 지나가고, 어떤 순간에는 맑은 마음이 드러나기도 합니다. 그러나 그 어느 쪽도 "원래 그런 본성"으로 굳어 붙지 않습니다. 그래서 불구부정은 이렇게도 풀립니다. "마음에는 고정된 자성이 없으니, '본래 더럽다' '본래 깨끗하다'라고 확정할 수 없다."

부증불감(不增不減) — "늘어날 '나'도 없고, 줄어들 '나'도 없다"

....

- 不增(부증): 늘어나지 않는다

- 不減(불감): 줄어들지 않는다

우리는 자주 이렇게 생각합니다. "나는 부족하다. 더 채워야 한다." "성공하면 내가 커진다." "실패하면 내가 작아진다." 그런데 이 문장들은 모두 '딱 굳은 나'가 있다는 가정 위에서만 성립합니다. 반야심경은 그 가정 자체를 흔듭니다. 본래 고정된 내가 없으니, 늘어날 나도 없고, 줄어들 나도 없습니다. 다만 조건 따라 드러나는 역할, 관계, 상태가 바뀔 뿐입니다. 그러니 인생에서 무엇이 늘고 줄어도, 그 변화가 곧바로 "나의 본질"을 늘리고 줄이는 일은 아닙니다. 이 대목은 독자에게 이렇게 속삭이는 것 같습니다. "커져야 할 나도, 작아질 나도, 처음부터 따로 있지 않다."

이 네 구절이 한 번에 하는 말은 결국 하나입니다. "모든 법은 공의 모습이다. 그래서 우리는 '실체'를 지키려 애쓰느라 불필요하게 무거워질 필요가 없다. 고정된 자성이 없다는 것을 알아차릴수록, 삶은 조금씩 가벼워진다."

시고 공중무색 무수상행식
무안이비설신의 무색성향미촉법
무안계 내지 무의식계
是故 空中無色 無受想行識
無眼耳鼻舌身意 無色聲香味觸法
無眼界 乃至 無意識界

앞에서 "모든 것은 고정된 실체가 아니다"라고 비추어 보았으니, 이제 결론을 말합니다.

공(空)의 자리에서는 몸과 마음(색·수·상·행·식)도, 감각의 문(눈·귀·코·혀·몸·뜻)도, 감각의 대상(색·성·향·미·촉·법)도, 그 둘이 만나 펼쳐지는 인식의 세계[안계(眼界)에서 의식계(意識界)까지도 '단단한 실체'로 붙잡아 세울 수 없다는 것입니다.

시고 공중무색 무수상행식(是故 空中無色 無受想行識)
─ "그러므로 공의 관점에서는 '고정된 실체'로서의 몸
과 마음을 세울 수 없다"

앞에서 반야심경은 연달아 보여 주었습니다. 몸과 마음을 이루는 모든 요소는 본래 고정되어 있지 않다(not fixed). 이제 그 사실을 한 줄의 결론으로 묶어 말합니다. 그때 등장하는 말이 是故(시고), 곧 "그러므로, 이런 까닭으로"입니다. 지금까지의 이야기를 접어 한마디로 정리하는 신호입니다.

• 是故(시고): "그러므로, 이런 까닭으로"

반야심경은 독자님에게 이렇게 말하는 듯합니다. "여기까지 충분히 보았지요. 이제 결론으로 갑니다."

공중무색(空中無色) —
"공의 자리에서는 '고정된 色'이 없다"

여기서 空은 "텅 비었다"는 허무가 아니라, "고정된 실체로 붙잡을 수 없다"는 뜻으로 이 책에서는 이해해 봅니다. 그리고 無(없다)는 "형체가 전혀 없다"가 아닙니다. "공의 관점에서 보면 '영원히 고정된 형체'라는 실체는 성립하지 않는다"는 말입니다.

색(色)은 조건이 모이면 나타나고, 조건이 흩어지면 사라지는 과정입니다. 그래서 "이것이 영원불변한 무엇이다"라고 붙잡을 수 있는 단단한 '색 그 자체'는 없습니다. 그 사실을 한 문장으로 모아 말한 것이 空中無色입니다. 공의 자리에시는 '고징된 색'이 없습니다.

무수상행식(無受想行識) —
"고정된 느낌·생각·의지·의식도 없다"

반야심경은 이미 앞에서 말해 왔습니다. 느낌은 파도처럼 변하고, 생각은 순간순간 일어났다 사라지며, 행(行)은 만들어진 습관과 반응이라 다시 만들어질 수 있고, 의식은 또렷했다가 흐려지고 집중했다가 산만해집니다. 그러니 공의 관점에서 보면 "고정된 느낌, 고정된 생각, 고정된 의지, 고정된 의식"이라는 실체는 성립할 수 없습니다. 이것을 한꺼번에 모은 말이 無受想行識입니다.

여기서도 "없다"는 "감정이 없다, 생각이 없다"가 아닙니다. 그것들을 "변하지 않는 본질"로 세울 수 없다는 뜻입니다. 이 문장은 독자님을 부정하는 문장이 아니라, 독자님을 해방시키는 문장입니다.

우리는 자주 이런 말로 스스로를 묶습니다. "내 성격은 원래 이래서 못 바꿔." "나는 원래 부족한 사람이라

늘 모자라.” “나는 이런 상처를 받았으니 평생 이렇게 살아야 해.” 이 말들에는 “고정된 나”가 있다는 전제가 숨어 있습니다.

그런데 공의 자리에서 보면, 고정된 나도 없고 나를 영원히 묶어 둘 실체도 없습니다. 그러므로 당신은 새로울 수 있고, 바뀔 수 있고, 회복될 수 있습니다. 그리고 이 사실을 알아차리는 주체를, 이 책에서는 멀리 있는 신비한 존재가 아니라 독자님 마음속의 아발로키테쉬바라(관자재보살), 곧 독자님 자신으로도 이해해 보고자 합니다.

무안이비설신의 무색성향미촉법(無眼耳鼻舌身意 無色聲香味觸法) — “인식의 입구와 인식의 대상도 ‘고정된 실체’로 세울 수 없다”

오온(五蘊)을 통해 ‘나’의 구성 요소가 고정되어 있지 않음을 보여 준 반야심경은, 이제 시선을 더 넓혀 우리의 경험 구조 전체로 나아갑니다. 몸과 마음이 고정되어 있지 않다면, 그 몸과 마음이 세상을 만나는 방식 또한 고정된 실체일 수 없다는 쪽으로 확장하는 것입니다. 육근(六根)은 인식의 '입구'이고, 육경(六境)은 인식의 '대상'입니다. 이 둘 역시 이 책에서는 "고정된 실체로 붙잡을 수 없다"는 방향에서 읽어 봅니다.

무안이비설신의(無眼耳鼻舌身意) —
"눈·귀·코·혀·몸·마음도 고정된 실체가 아니다"

눈은 늙고 약해지고, 귀도 환경과 나이에 따라 달라집니다. 코와 혀와 몸도 늘 같지 않습니다. 마음은 더 말할 것도 없습니다. 감각의 문 자체가 이미 과정입니다. 고정된 본질이 아니라, 조건과 함께 변하는 작용입니다.

무색성향미촉법(無色聲香味觸法) — "형체·소리·
향기·맛·감촉·마음의 대상도 고정된 실체가 아니다"

같은 음악도 어느 날은 감동이고 어느 날은 시끄럽습
니다. 같은 음식도 어느 날은 맛있고 어느 날은 입에 안
맞습니다. 대상이 단단한 하나로 고정되어 있기 때문이
아니라, 관계와 상태와 조건 속에서 다르게 드러나기 때
문입니다. 그러니 대상 또한 "영원한 본체"로 붙잡을 수
없습니다.

무안계 내지 무의식계(無眼界 乃至 無意識界) —
"경험의 세계 전체도 고정된 실체로 세울 수 없다"

여기까지 오면 자연스러운 결론이 하나 더 따라옵니
다. 입구(육근)와 대상(육경)이 고정된 실체가 아니라면,
그 둘이 만나 펼쳐지는 인식의 세계 또한 고정된 실체일

수 없다는 것입니다.

'계(界)'는 영역, 세계, 범위라는 뜻입니다. 내가 보고 듣고 느끼고 판단하는 세계 전체를 가리킵니다. 그리고 乃至(내지)는 "~에서 ~에 이르기까지"라는 말입니다. "눈의 세계에서부터 의식의 세계에 이르기까지" 이 모든 경험의 영역이, 공의 관점에서는 고정된 실체로 성립하지 않는다는 말입니다.

눈이 본다고 해서 보는 방식이 늘 같지 않고, 귀가 듣는다고 해서 듣는 방식이 항상 일정하지 않습니다. 마음이 인식한다고 해서 인식의 스타일과 해석과 반응이 언제나 같은 본질을 유지하는 것도 아닙니다. 인식은 늘 상황, 컨디션, 동기, 기억, 욕망과 함께 움직입니다. 그러니 인식은 과정이고, 과정은 고정된 실체가 될 수 없습니다.

한 줄로 모으면 몸(色)도 마음(受想行識)도, 감각기관(眼耳鼻舌身意)도 감각대상(色聲香味觸法)도, 그리고 그 모든 것이 펼쳐내는 경험 세계(眼界…意識界) 전체도, 공의 관점에서는 "고정된 실체"로 세울 수 없습니다.

그래서 이 '없다(無)'는 말은 독자를 지우는 말이 아니라, 독자를 묶어 두던 고정관념을 푸는 말로 이 책에서는 읽어 보고자 합니다. 그리고 그 사실을 알아차리는 눈을, 이 책에서는 독자님 마음속의 아발로키테쉬바라(관자재보살) — 곧 "나를 바라보는 나"라고 불러 보고자 합니다.

무무명 역무무명진 내지 무노사
역무노사진
無無明 亦無無明盡 乃至 無老死
亦無老死盡
무명도, 무명이 끝남도, 늙음과 죽음도 '덩어리'로 붙잡을 수 없다

반야심경은 어느 순간부터 "없다(無)"라는 말을 연이어 꺼냅니다. 처음 읽는 분들은 여기서 마음이 멈춥니다. "무명이 없다? 늙음과 죽음도 없다? 그럼 세상이 사라졌다는 말인가?" 하고요. 하지만 이 책에서 無(없다)는 허무가 아닙니다. '전혀 없다'가 아니라 '덩어리 실체로는 성립하지 않는다'는 뜻에 더 가깝습니다. 다시 말해, 붙잡아 굳힐 만한 고정된 본체(not fixed)는 없다는 말입니다. 이제 그 뜻을 들고, 반야심경의 문장을 그대로 따라가 보겠습니다.

무무명(無無明)

무명(無明)은 단순히 "어둡다, 무식하다"가 아닙니다. 오히려 "상황을 있는 그대로 보기 전에 이미 결론을 내려버리는 마음의 오래된 습관"에 가깝습니다. 상처와 두려움, 욕심이 렌즈가 되어 사실을 비틀어 보게 만드는 시선, 그 전체가 무명입니다.

그런데 반야심경은 말합니다. "무명조차 '단단한 실체'로 세울 수는 없다." 무명은 벽이 아니라 습관이고, 습관은 조건 따라 굳어졌다가 조건 따라 풀립니다. 그래서 "나는 원래 이런 사람"이라는 판결을 내리는 순간, 사실 우리는 '나'를 굳히는 동시에 무명도 함께 굳혀 버립니다. 반야심경은 그 굳힘을 살짝 풀어주며 말하는 듯합니다. "그건 영원한 낙인이 아니다. 흐름이다."

역무무명진(亦無無明盡)

여기서 한 번 더 깊어집니다. 무명진(無明盡)은 "더 이상 잘못 보지 않는다"는 자리로도 말할 수 있습니다. 그런데 반야심경은 그 "끝남" 앞에도 다시 無를 붙입니다. 무명만 실체가 아닌 게 아니라, '무명이 끝났다'는 상태마저도 완성품처럼 붙잡지 말라는 뜻입니다.

이 말은 수행을 가볍게 만드는 말이 아닙니다. 오히려 수행을 현실로 돌려놓습니다. 마음은 어느 날 맑다가도, 어느 날은 흐립니다. 어떤 날은 잘 놓아지다가도, 어떤 날은 다시 꽉 붙잡힙니다. 그런데 그 흔들림은 실패가 아니라 과정의 성질입니다. 무명이 옅어지는 것도 흐름이고, 다시 짙어지는 것도 흐름입니다. 반야심경은 그 흐름을 보게 합니다. "그러니 어느 쪽도 덩어리로 굳혀서 붙잡지 말라."

여기서 독자님 삶에 가장 가까운 장면 하나만 떠올려 보겠습니다. 같은 말 한마디를 들어도, 어떤 날은 괜찮고 어떤 날은 유난히 아픕니다. 그때 바깥의 말이 갑자기 칼이 된 것이 아니라, 내 안의 오래된 습관, 내 상처의 렌즈가 잠깐 다시 올라온 것입니다. 그 렌즈가 내려가면, 똑같은 말도 다르게 들립니다. 이게 바로 무명이 "벽"이 아니라 "습관의 흐름"이라는 증거입니다. 그러니 습관은 바뀔 수 있습니다. 흐름은 방향을 바꿀 수 있습니다.

내지 무노사 역무노사진(乃至 無老死 亦無老死盡)

반야심경은 여기서 "乃至(내지)", 곧 "~에서 ~에 이르기까지"라고 말하며 힌 줄로 훑습니다. 무명에서 시작해, 늙음과 죽음(老死)에 이르기까지 — 우리를 묶어 온 고통의 사슬 전체를 말하는 방식입니다. 그 사슬을 아주 짧게, 삶의 언어로, 한 줄로 꿰면 이렇습니다.

무명(비틀린 시선) → 습관적 반응 → 집착과 갈망 →

‘나’가 굳어짐 → 불안과 두려움 → 결국 늙음과 죽음까
지 더 무겁게 느껴짐

무명 하나가 시선을 비틀면, 그 비뚤어진 시선이 습관
이 되고, 습관은 집착이 되고, 집착은 삶의 패턴이 됩니
다. 그러다 어느 순간, 늙음과 죽음은 단순한 자연의 과
정이 아니라 “내 존재가 무너지는 공포”처럼 굳어집니
다. 그래서 늙음과 죽음이 두려운 것이기도 하지만, 사
실은 그보다 앞에서 이미 굳어진 “붙잡는 마음”이 우리
를 더 괴롭게 합니다.

반야심경은 그 처음도 끝도, 모두에 대해 같은 방식
으로 말합니다. 늙음과 죽음 자체가 없다는 말이 아닙
니다. 다만 그것을 한 덩어리 실체처럼 붙잡는 순간 공
포가 커지니, 그렇게 붙잡을 수 있는 고정된 본체는 없
다는 것을 보라는 말입니다. 늙음도 조건 속에서 진행
되는 과정이고, 죽음도 조건 속에서 마주하는 과정입니
다. 과정이라면, 이해의 길이 생깁니다. 과정이라면, 대
응의 길도 생깁니다. 그리고 무엇보다, 과정이라면 “나

는 영원히 이 상태에 갇혀 있다"는 판결이 무너집니다.

그래서 이 구절은 독자님을 지우는 문장이 아닙니다. 독자님을 풀어주는 문장입니다. 독자님을 묶어 두던 오래된 패턴과 고통의 구조가, 애초부터 벽처럼 고정된 실체가 아니었다면 — 독자님은 어떤 상태에도 영원히 갇히지 않습니다.

이 사실을 알아차리는 눈을, 이 책에서는 멀리 있는 신비한 존재로 두지 않겠습니다. 바로 지금 이 문장을 읽으며 "아, 내 마음이 늘 같은 덩어리가 아니었지" 하고 알아차리는 그 자리, 그 조용한 눈. 그 눈이 곧 독자님 마음속의 아발로키테쉬바라(관자재보살), 다시 말해 '나를 바라보는 나'입니다.

흐름을 흐름으로 볼 때, 숨이 돌아옵니다. 그 숨이 돌아오는 자리가, 반야심경이 말하는 첫 번째 해방입니다.

무고집멸도 무지역무득 이무소득고
보리살타 의반야바라밀다고
無苦集滅道 無智亦無得 以無所得故
菩提薩埵 依般若波羅蜜多故

고(苦)·집(集)·멸(滅)·도(道)조차도, 붙잡아 둘 고정된
실체로는 세울 수 없습니다. 지혜도 '내 것'으로 소유할
물건이 아니고, 얻어 쥘 어떤 고정된 성취도 없습니다.
그 "붙잡을 것이 없음(無所得)"에 의지할 때, 보살 — 곧
지금 이 길을 걸으려는 우리 — 는 반야바라밀다에 기대
어 집착을 놓고 건너갑니다.

무고집멸도(無苦集滅道) — "고·집·멸·도라는 네 가지 진리조차, 고정된 실체로 붙잡을 수 없다"

반야심경은 여기서 사성제(四聖諦)를 한 줄로 비웁니다. 이 책에서는 그 뜻을 "고·집·멸·도의 네 가지 진리도 고정된 실체로 붙잡을 수 없다"라는 방향으로 읽어 보겠습니다. '없다'는 말은 허무가 아니라, 우리를 묶어 두던 고정 관념을 푸는 방식입니다.

• 苦(고): 고통

억울함, 외로움, 분노, 두려움, 상실감 같은 마음의 상태들입니다. "나는 늘 이렇게 힘들 수밖에 없어"라고 느끼게 만드는 그 무기움까지 포함합니다. 나반 반야심경은 그 고통을 '영원한 본질'로 굳히지 말라고 말합니다. 고통은 분명히 경험되지만, 고정된 실체로 붙잡을 수는 없습니다.

• 集(집): 고통의 원인, 쌓이는 구조

집착, 무명, 잘못된 욕망, 왜곡된 관점처럼 고통이 반복되고 커지는 구조를 가리킵니다. 중요한 점은, 원인도 하나의 덩어리 실체가 아니라 조건에 따라 만들어지고 강화되는 흐름이라는 사실입니다.

• 滅(멸): 고통의 소멸

"슬픔이 완전히 사라진다"라기보다, 그 슬픔을 붙잡는 집착의 구조가 더 이상 작동하지 않는 자리입니다. 멸은 어떤 고정된 '완성품'이 아니라, 집착이 풀리면서 실제로 가벼워지는 방향입니다.

• 道(도): 멸로 향하는 길

팔정도(八正道), 수행, 실천, 삶을 바라보는 태도의 전환입니다. 괴로움을 줄이고 자유로 가는 실제적인 길입니다. 길 또한 실체가 아니라 '걸어지는 방식'입니다.

그래서 無苦集滅道는 이 책에서 이렇게 정리해 보고자

합니다. "고통도, 원인도, 소멸도, 길도 모두 단단한 실체가 아니라 과정이다." 이 말은 "고통이 없다"는 허무가 아니라, "괴로움도 그 원인도 그 해결도 어떤 한 상태에 영원히 묶여 있지 않다"는 해방의 선언입니다.

무지 역무득(無智 亦無得) — "지혜도 소유물이 아니며, 얻어 쥘 만한 '고정된 것'도 없다"

여기서 智(지)는 정보나 지식이 아니라, "모든 것이 고정되어 있지 않음을 정확히 보는 눈"을 가리킵니다. 그래서 無智는 "지혜가 전혀 없다"가 아니라, "지혜를 실체나 소유물로 만들 수 없다"는 뜻으로 읽어 봅니다.

지혜는 어디 떠다니는 것을 손으로 잡아 '내 것'으로 만드는 물건이 아닙니다. 오히려 고정된 실체를 찾으려는 손이 풀릴 때, 자연스럽게 드러나는 밝음에 가깝습니다.

無得(무득)도 마찬가지입니다. "얻을 게 없다, 그러니

다 무의미하다"가 아니라, "붙잡아 쥘 만한 고정된 실체
가 없다"는 뜻입니다. 지혜를 "내가 얻어서 소유하는 특
별한 상태"로 삼는 순간, 그건 이미 지혜가 아닙니다. 지
혜는 갖는 것이 아니라 보는 것이기 때문입니다.

그래서 無智亦無得은 이 책에서 이렇게 읽어 보겠습
니다. "지혜도 실체가 아니며, 내가 얻어 쥐어야 할 어떤
고정된 것도 원래 없다."

이무소득고(以無所得故) —
"얻을 것이 없기 때문에, 마음이 가벼워진다"

- 以(이): ~로 인하여, ~때문에

- 無所得(무소득): 얻을 것 없음

- 故(고): 그러한 까닭으로

無所得은 "아무것도 없어서 텅 비었다"가 아니라, "붙

잡아 얻을 만한 고정된 실체가 없다"는 말입니다. 왜 얻을 것이 없습니까? 앞에서 반야심경은 반복해서 말해 왔기 때문입니다. 몸과 마음도, 감각과 대상도, 인식의 세계도, 12연기의 고통 구조도, 그리고 사성제마저도 '고정된 실체'로는 붙잡히지 않습니다.

고정된 실체가 없다면, 그 실체를 "얻어 쥔다"는 말 자체가 성립하지 않습니다. 그래서 무소득은 이 책에서 이렇게 이해해 봅니다. "붙잡을 대상도, 붙잡을 실체도 없기 때문에, 마음이 근본적으로 가벼워지는 상태." 허무가 아니라 자유의 다른 이름으로 받아들여도 좋겠습니다.

보리살타(菩提薩埵) —
"이 사실을 보고, 그 방향으로 살아 보려는 존재"

- 菩提(보리): bodhi, 깨달음, 깨어 있는 앎

- 薩埵(살타): sattva, 존재, 살아 있는 존재

그래서 菩提薩埵, 보살은 "깨달음을 향해 가는 존재"라고도 읽을 수 있습니다. 이 책에서는 반야심경이 말하는 보살을, 부처님 곁에 앉아 있는 소수의 특별한 존재라기보다 "모든 것이 고정된 실체로 붙잡히지 않음을 보려는, 그리고 그 방향으로 살아 보려는 모든 존재"로 읽어 보겠습니다. 따라서 여기서 말하는 보살은 멀리 있는 누군가만이 아니라, 지금 이 사실을 이해하려고 하는 독자님 자신으로도 볼 수 있습니다.

의반야바라밀다고(依般若波羅蜜多故) — "반야바라밀다에 의지하기 때문에"

- 依(의): ~에 의지하여
- 般若(반야): prajñā, 모든 것이 고정되어 있지 않음을

정확히 보는 지혜

- 波羅蜜多(바라밀다): pāramitā, 건너감, 피안(彼岸)에 이름
- 故(고): 그러한 까닭으로

반야바라밀다고는 이 책에서 이렇게 풀어 보고자 합니다. "모든 것이 고정되어 있지 않음을 정확히 보는 지혜에 의지하기 때문에, 그 보살(독자님 자신)은 집착을 떠나 다른 쪽으로 건너갈 수 있다." 여기서 '건너감'은 어디 먼 세계로 도망치는 일이 아니라, 지금 이 자리에서 고정된 실체를 붙잡는 손을 놓는 쪽으로 마음이 옮겨 가는 것입니다.

심무가애 무가애고 무유공포
원리전도몽상 구경열반
心無罣礙 無罣礙故 無有恐怖
遠離顛倒夢想 究竟涅槃

마음에 걸림이 없으면, 그 걸림에서 태어나던 두려움도 함께 가라앉습니다. 뒤집힌 해석과 헛된 상상은 힘을 잃고 멀어지며, 마침내 마음은 본래의 고요 ― 열반 ― 을 드러냅니다. 이 책에서는 이 구절을, 밖의 누군가가 주는 선언이 아니라 '나를 바라보는 나'가 스스로에게 건네는 확인으로 읽어 보겠습니다.

심무가애(心無罣礙) — "마음에는 걸림이 없다"

心無罣礙는 "마음에는 그것을 막는 실체적인 장벽이 없다"는 뜻입니다. 여기서 罣礙(가애)는 마음을 옭아매고, 생각을 지배하는 온갖 집착을 말합니다.

- "나는 이런 사람이야."
- "이건 절대 이래야 돼."
- "이 느낌은 사라지면 안 돼."
- "사람들이 나를 이렇게 봐야 해."

이런 생각들이 보이지 않는 철창처럼 마음을 막습니다. 하지만 앞에서 반야심경은 몸(色)도, 감정(受)도, 생각(想)도, 의지(行)노, 의식(識)도, 그리고 인식 구조 전체(18계·12연기·사성제까지)도 모두 고정된 실체로 붙잡을 수 없다고 밝혀 왔습니다. 그 흐름이 모여 이 문장으로 이어집니다. "그러니 마음을 막는 장벽도, 실체로서는 성립하지 않는다." 마음은 닫힌 방이 아니라 열린 하

늘입니다. 이 책에서는 독자님의 마음 또한 본래 열린
자리라고 이해해 보겠습니다.

무가애고(無罣礙故) — "걸림이 없기 때문에"

　無罣礙故는 앞 문장의 결론입니다. "마음에는 실체적
인 장벽이 없다." 그리고 "그렇기 때문에" 다음과 같은
상태가 자연스럽게 따라온다는 뜻입니다. 이때 '그러한
까닭으로'가 故(고)입니다.

무유공포(無有恐怖) — "마음에 두려움이 없다"

　여기서 말하는 두려움 없음은 전쟁터로 뛰어드는 용
맹이 아닙니다. 고정관념에서 풀려난 상태를 가리킵니
다. 두려움은 대개 이런 문장들에서 태어납니다.

- "나는 실패하면 안 된다."
- "저 사람은 나를 버리면 안 된다."
- "이 삶이 이렇게 바뀌면 안 된다."
- "이 감정은 사라지면 안 된다."

이 모든 문장에는 "세상은 이래야만 한다"는 고정된 전제가 깔려 있습니다. 그런데 반야심경은 이미 말했습니다. "몸도, 마음도, 관계도, 상황도 고정된 실체로 붙잡을 수 없다." 독자님이 이 사실을 지금 여기에서 볼 수 있다면, 변한다는 것은 위기가 아니라 자유가 됩니다. 그래서 "걸림이 없기 때문에 두려움도 없다"는 결론이 자연스럽게 따라옵니다.

이렇게 "모든 것이 고정되지 않음"을 정확히 보고 있는 눈을, 이 책에서는 독자님 마음속의 아발로키테쉬바라(관자재보살)라고 불러 보겠습니다.

원리전도몽상(遠離顛倒夢想) —
"뒤집힌 생각과 헛된 환상에서 멀어진다"

顛倒(전도)는 거꾸로 봄, 뒤틀린 해석입니다. 夢想(몽상)은 실체 없는 상상, 집착이 섞인 망상입니다. 우리가 괴로운 이유는 세상을 '있는 그대로' 보기보다, '내가 미리 정해 둔 해석'으로 보기 때문입니다.

- "저 사람이 날 싫어하는 게 분명해."
- "나는 늘 이럴 수밖에 없어."
- "이 감정은 절대 떠나지 않아."
- "이 사람은 절대로 변하지 않아."

이런 말들은 세계를 고정된 틀로 박아 놓으려는 판단입니다. 반야심경은 이 대목에서 이렇게도 들립니다. "그 뒤틀린 고집들은 억지로 떼어내지 않아도 된다." 실체로 붙잡을 수 없다는 사실을 보면, 그것들은 저절로 힘을 잃고 멀어집니다(遠離). 이 책에서는 그 '멀어짐'을

억지로 밀어내는 일이 아니라, 집착이 스스로 가라앉는
방향으로 이해해 보겠습니다.

구경열반(究竟涅槃) — "마침내 완전한 열반에 이른다"

究竟(구경)은 끝까지 이른다, 궁극이라는 뜻입니다.
涅槃(열반)은 집착의 불이 꺼진 자리입니다. 열반은 '죽
어서 가는 세계'가 아닙니다. 어딘가 멀리 있는 천국도
아닙니다. 涅槃의 본래 뜻은 "바람을 불어 불을 끄다
(blowing out)"입니다. 그때 꺼지는 불은 이런 것들입니다.

- "이래야만 한다"는 고정된 마음의 불
- 집착의 불
- 판단·비난·비교의 불

그러므로 열반은 "독자님의 마음에서 '이래야만 한다'
는 불이 꺼지고, 본래의 조용하고 넓고 열린 마음이 드

러난 자리”로 이해할 수 있습니다. 어디 먼 곳이 아니라, 고정된 마음이 풀리는 그 자리를 열반이라 불러 볼 수 있다는 뜻입니다. 이렇게 볼 때, 독자님의 마음은 애초부터 그 자리를 향해 열려 있었다고도 말할 수 있습니다.

그리고 그 사실을 비추어 보는 존재를, 이 책에서는 아발로키테쉬바라 — 곧 독자님 자신이라고 부르고자 합니다.

삼세제불 의반야바라밀다고
득아뇩다라삼먁삼보리
三世諸佛 依般若波羅蜜多故
得阿耨多羅三藐三菩提

과거·현재·미래의 모든 부처님들은, 반야바라밀다 —
곧 모든 것이 고정된 실체가 아님을 바로 보는 지혜 —
에 의지하여 길을 건넜습니다. 그래서 마침내 무상정등
정각(無上正等正覺), 더할 수 없는 깨달음을 얻었습니다.
이 대목을 이 책은, 독지님 인에서도 그 지혜가 지금 작
동하고 있음을 조용히 확인하는 첫 문장으로 읽어 보겠
습니다.

삼세제불(三世諸佛) ―
"과거·현재·미래의 모든 부처님들"

三世(삼세)

- 과거의 세계

- 현재의 세계

- 미래의 세계

諸佛(제불)

- 그 세 시대에 존재하는 모든 부처

- 특정 인물로서의 석가모니 한 분만이 아니라, "완전히 깨어난 모든 존재"를 두루 가리킵니다.

반야심경은 '삼세제불'이란 말을 꺼내며 이렇게 방향을 잡아 줍니다. "이 길은 누구 한 사람만의 길이 아니다." 과거에도, 지금도, 앞으로도, 부처가 된 존재들이 공통으로 의지한 한 가지가 있다는 뜻입니다.

의반야바라밀다고(依般若波羅蜜多故) ―
"그들이 깨달음에 이른 까닭은 반야바라밀다에 의지했기 때문이다"

- 依(의): ~에 의지하여
- 般若(반야): prajñā, 이 책에서는 "모든 것이 고정되어 있지 않음을 정확히 보는 지혜"로 풀어 봅니다.
- 波羅蜜多(바라밀다): pāramitā, 저 언덕에 이름, 건너감, 완성
- 故(고): 그러한 까닭으로, 그래서

위 대목을 이 책에서는 이렇게 정리해 보겠습니다. "삼세의 모든 부처들은 '모든 것이 고정된 실체가 아니다'라는 진실을 끝까지 직시하는 지혜(반야바라밀다)에 의지했기 때문에 깨달음에 이르렀다."

이 말씀은 이런 뜻이기도 합니다. 특별한 초능력 때문이 아니고, 특정 종교 집단의 권위 때문도 아니고, 신비

한 비법 수행만으로 된 것도 아니다. 결국 "모든 법이 고 정된 실체가 아니다"라는 사실을 흔들림 없이 보는 그 지혜가 부처의 길이었다는 이야기입니다. 그래서 이 책의 관점에서는 이렇게도 들려옵니다. "독자님이 지금 마주하고 있는 이 지혜 —반야바라밀다—가 과거·현재·미래의 모든 부처가 의지한 바로 그 길이다."

득아뇩다라삼먁삼보리(得阿耨多羅三藐三菩提) —
"그래서 그들은 최고의 깨달음을 얻었다"

이 긴 한자어는 '무상정등정각(無上正等正覺)', 곧 부처님의 깨달음을 가리키는 가장 온전한 표현입니다.

- 阿耨多羅(아뇩다라): 더 이상 위가 없다, 가장 높다 (無上)

- 三藐(삼먁): 바르고, 올바르고, 온전히(正等)

- 三菩提(삼보리): 깨달음, 온전한 깨달음(正覺)

그런데 반야심경에서 말하는 이 깨달음은, 이 책에서 볼 때 신비한 체험의 폭발이라기보다 결국 한 가지로 모입니다. "모든 것이 고정되어 있지 않음을 조금도 의심 없이 보는 마음의 밝음." 다른 말로 풀면 이런 모습입니다.

- 일어나는 것을 일어나는 그대로 볼 수 있는 눈
- 상황에 휩쓸리지 않는 평정심
- 붙잡지 않아도 무너지지 않는 고요함
- '있는 그대로'를 왜곡 없이 보는 투명함

그래서 이 대목을 이 책에서는 이렇게 정리해 봅니다. "과거·현재·미래의 모든 부처는 하나의 동일한 지혜 — 반야바라밀다 — 에 의지하여 이 무상의 깨달음에 이르렀다."

그럼 그 지혜는 어디 있는가? 이 책은 멀리서 찾지 않으려 합니다. 바로 지금 이 글을 통해 "모든 것이 고정되어 있지 않다"는 말을 이해하고 있는 독자님의 마음속입

니다. 그래서 이 구절의 숨은 메시지는 이렇게도 읽힙
니다. "독자님이 지금 이 길을 걷고 있다는 사실 자체가
이미 삼세의 모든 부처들이 걸어온 길과 닿아 있다."

고지반야바라밀다 시대신주 시대명주
시무상주 시무등등주 능제일체고
진실불허 고설반야바라밀다주
즉설주왈 아제아제 바라아제
바라승아제 모지사바하
故知般若波羅蜜多 是大神呪 是大明呪
是無上呪 是無等等呪 能除一切苦
眞實不虛 故說般若波羅蜜多呪
即說呪曰 揭諦揭諦 波羅揭諦
波羅僧揭諦 菩提娑婆訶

　　반야심경은 여기서 더 설명하지 않습니다. 지금까지
밝혀 온 한 가지—모든 것이 고정된 실체가 아니라는
지혜(般若波羅蜜多)—를 "그러므로 알아라(故知)"라고 단
정하고, 곧바로 진언의 울림으로 독자님을 건너가게 합

니다. (진언은 뜻을 설명하기 위한 말이 아니라 생각을 잠시
멈추고 마음을 건너가게 하는 소리입니다.)

고지반야바라밀다(故知般若波羅蜜多) —
"그러므로 알아라, 반야바라밀다의 진실을"

- 故(고): 그러므로, 이런 까닭으로

- 知(지): 알다, 분명히 깨닫다

- 般若波羅蜜多: 반야바라밀다.

- 般若(반야): 이 책에서는 "모든 것이 고정되어 있지
  않음을 정확히 보는 지혜"

- 波羅蜜多(바라밀다): 건너감, 피안(彼岸)에 이름, 완성

앞에서 반야심경은 몸과 마음, 감각과 인식, 업과 윤
회, 사성제까지 — 독자님이 "세상"이라 부르는 모든 것
이 고정된 실체로 붙잡을 수 없음을 차근차근 밝혀 왔습

니다.

이제 마지막에 말합니다. "그러므로 이제 이 지혜, 곧 반야바라밀다를 분명히 알아라." 이 지혜는 멀리 있는 것이 아닙니다. 이 책에서 보자면, 늘 독자님 마음속의 아발로키테쉬바라가 조용히 비추어 오던 바로 그 눈으로도 이해해 볼 수 있습니다.

是大神呪(시대신주) ―"큰 힘을 지닌 진언"

是大明呪(시대명주) ―"큰 밝음의 진언"

是無上呪(시무상주) ―"더할 바 없는 진언"

是無等等呪(시무등등주) ―"비길 데 없는 진언"

- 大(대): 크다

- 神(신): 신묘하다, 헤아리기 어려운 힘

- 呪(주): 주문, 진언(마술이 아니라 마음을 돌리는 말)

- 明(명): 밝음, 통찰

- 無上(무상): 위가 없음, 최상

- 無等等(무등등): 비교할 상대가 없음

여기서 '呪(주)'는 마술 같은 주문이 아니라, 마음을 한 번에 다른 쪽으로 돌려놓는 말, 깊은 직관을 깨우는 말입니다. 반야바라밀다는 '나와 세상을 고정된 실체로 보던 시선'을 '흐름으로 보는 눈'으로 전환시키는 가르침입니다. 그 전환의 힘이 크기에 경전은 大神呪라 하고, 그 전환이 밝음을 켜기에 大明呪라 하며, 집착의 뿌리를 건드리기에 無上呪라 하고, 비교의 기준 자체를 넘어가기에 無等等呪라 부릅니다.

이때 "밝음"은 밖에서 비추는 빛이 아니라, 독자님의 인식 안에서 켜지는 빛입니다. 타인을 고정된 이미지로 보던 눈이 풀리고 나도 "이럴 수밖에 없는 사람"이 아니라 변할 수 있는 흐름으로 보이며, 상황도 "정답/실패"가 아니라 이어지는 과정으로 느껴지기 시작합니다.

능제일체고(能除一切苦) — "모든 괴로움을 건너게 한다"
진실불허(眞實不虛) — "참되고, 헛되지 않다"

- 能(능): 능히 ~할 수 있다

- 除(제): 없애다, 제거하다, 건너가게 하다

- 一切苦(일체고): 모든 괴로움

- 眞實(진실): 실제로 그러함

- 不虛(불허): 헛되지 않음

반야바라밀다는 "괴로움을 없애는 마술"이 아니라, 괴로움이 고정된 실체가 아니라 조건 따라 일어나는 과정임을 보게 하는 힘입니다. 고통이 실체로 느껴질 때는 "나는 영원히 이렇다"는 절망이 붙습니다. 그러나 고통이 과정으로 보이면, 과정은 바뀔 수 있고, 그 바뀔 수 있음이 곧 해방의 문이 됩니다.

그리고 이 가르침은 추상적 말장난이 아니라, 삶에서 확인되는 진실에 기대어 있습니다.

- 집착할수록 괴로움이 커진다는 것
- '고정된 나'에 집착할수록 두려움이 늘어난다는 것
- 흐름을 볼수록 마음이 가벼워진다는 것

이런 것들은 독자님 각자의 경험 속에서도 확인될 수 있는 것들입니다. 그래서 眞實不虛, 참되고 헛되지 않다고 말합니다.

고설반야바라밀다주(故說般若波羅蜜多呪) —
"그러므로 반야바라밀다의 진언을 설한다"
즉설주왈(即說呪曰) — "곧 진언을 말하니 이러하다"

- 故(고): 이런 까닭으로
- 說(설): 말하다, 설하다
- 即(즉): 곧, 바로
- 呪曰(주왈): 진언을 이르되

지금까지는 논리의 언어였습니다. 이제부터는 울림의 언어입니다. 이해를 넘어서, 마음이 따라 건너가게 하는 소리로 넘어갑니다.

아제아제 바라아제 바라승아제 모지사바하(揭諦揭諦 波羅揭諦 波羅僧揭諦 菩提娑婆訶)

이 마지막 구절은 이 책에서는 일부러 번역하지 않고 소리 그대로 남겨 두려 합니다. 논리로 풀어 쥐는 문장이라기보다, 마음이 스스로 건너가게 되는 울림으로 받아들이고자 하기 때문입니다.

아제아제(揭諦揭諦) ― Gate Gate(가테 가테)

"가라, 가라." 이 책에서는 이렇게도 들어 봅니다. 한

번은 "고정된 세계를 떠나라." 또 한 번은 "그 떠남을 다
시 한 번 깊이 결심하라."

바라아제(波羅揭諦) — Pāragate(빠라가테)
....

"피안으로 건너가라." 집착의 저편, 두려움의 저편,
전도망상의 저편, '고정된 실체가 있다'는 믿음의 저편
으로.

바라승아제(波羅僧揭諦) — Pārasaṃgate(빠라상가테)
....

"완전히, 철저히 건너가라." 중간에서 머뭇거리지 말
고, '여기도 저기도 아닌' 애매한 자리에 멈추지 말고, 끝
까지 놓아라 — 그 초대입니다.

모지사바하(菩提娑婆訶) ─ Bodhi Svāhā(보디 스바하)

"깨달음이여, 이렇게 이루어졌습니다." 이 책에서 보자면, 이것은 어디 먼 위대한 존재가 독자님에게 일방적으로 선포하는 문장이 아니라, 독자님 마음속 아발로키테쉬바라가 조용히 스스로에게 건네는 확인처럼 들립니다. "너는 이미 이 길 위에 서 있다. 네 마음은 이미 이쪽을 향해 건너고 있다."

그래서 반야심경이 말하는 깨달음은, 어딘가 멀리서 갑자기 떨어지는 선물이 아니라, "모든 것이 고정된 실체가 아니다"라는 사실을 지금 이 자리에서 바라보는 그 마음 ─ 바로 그 마음 자체라고 이 책에서는 이해해 봅니다.

글을 마치면서

"배우기도 어렵고, 알려주기는 더 어렵네." 이 책, 『초역 반야심경』을 거의 마무리한 지금, 제 입에서 자꾸 새어 나오는 말입니다.

오래전에 함께 경전을 공부하던 벗을 오랜만에 만난 적이 있습니다. 나름대로 인생의 굴곡도 겪어보고, 불교 이론도 꽤 들여다본 친구입니다. 이야기를 나누다 그가 이런 말을 하더군요. "불교 공부를 하면 인생이 조금은 덜 헤매고, 덜 잘못 선택할 줄 알았는데… 막상 살아보니 하나도 안 그렇더라."

그 말을 듣는 순간, 제 안에서 쓴웃음이 먼저 나왔습니다. 그러고 나서 이렇게 말했습니다. "불교는 앞날을 맞춰 주는 기술이 아니라, 어차피 변하고 어차피 어긋나는 이 삶을 어떻게 볼 것인가를 가르치는 법이지."

벗도 "말은 그렇지" 하고 고개를 끄덕였습니다. 하지만 그 말이 가슴 깊은 데까지 스며든 표정은 아니었습니다. 머리로는 알아듣겠는데, 몸과 삶 전체로는 아직 잘 모르겠다는 얼굴이었습니다.

그때 제 속에서 이런 말이 흘러나왔습니다.

'그래, 배우기도 어렵고, 알려주기는 더 어렵네…'

또 어느 날은, 출가한 지 오래된 힌 스님과 통화를 했습니다. 어디를 다녀오겠다는 이야기를 나누다가, 곧 나오게 될 이 책, 『초역 반야심경』이야기가 나왔습니다.

"스님, 제가 반야심경을 풀어 써서 책을 내보려고 합니다." 조심스럽게 말씀을 드리니, 스님은 웃으면서 축

하한다고 하셨습니다. 그 말은 분명 감사한데, 그 너머에 이런 속내가 스쳐 지나가는 것 같았습니다.

"솔직히 반야심경 책은 이미 너무 많고, 불교 책은 이제 조금 지겹기도 합니다."

전화를 끊고 나니 가슴이 살짝 서늘해졌습니다. 이제 반야심경이라는 제목만 들어도 "또 한 권 나왔구나" 하고 지나치기 쉬운 시대가 되어 버렸구나, 하는 생각이 들었습니다. 벗도, 스님도, 그리고 저 자신도, 다들 머리로는 알고 있습니다.

"모든 것은 고정되어 있지 않다. '나'라고 붙잡을 만한 실체도 없고, 고통도 하나의 덩어리로 굳어 있는 것이 아니다." 이 말을 모르는 사람은 많지 않을 것입니다. 그런데 정작 현실 속에서는 어떻습니까?

일이 어긋나고, 몸이 아프고, 가까운 사람과 사이가 틀어지고, 장사가 안 되고, 노후가 불안해질 때, 그때는 이 말이 살아 있는 힘으로 튀어나오지 못합니다.

경전 속에서 보면 참 좋은 문장이고, 법문 시간에 들으면 고개가 끄덕여지는 말인데, 막상 내 인생 한가운데에 갖다 놓으려 하면 손에 잘 잡히지 않습니다.

그래서 요즘 저는 자주 이런 생각을 합니다.

'부처님도 이런 마음이셨겠구나. 보고 깨달은 진실은 너무 분명한데, 그걸 사람들 마음자리까지 전하는 일은 참으로 답답하고 어려웠겠구나.'

고타마싯달타의 마음이 아주 조금은 짐작되는 듯도

합니다.

"배우기도 어렵고, 알려주기는 더 어렵네." 이 말은 다른 사람을 향한 푸념이 아니라, 제 자신을 향한 고백이기도 합니다.

저 역시 오랫동안 경전 문장을 외우고, 남에게 설명하면서도 현실 앞에서는 쉽게 흔들리고, 고정된 '나'를 붙들고, 어디에 정답이 있을지 다시 찾곤 했습니다.

그래서 이 책, 『초역 반야심경』은 "이미 다 알아서 남을 가르치는 사람"이 쓴 책이 아닙니다. 여전히 배우는 중인 한 재가 불자가, 정말로 배우기도 어렵고 알려주기는 더 어렵다는 것을 뼈저리게 느끼면서, "그래도 이 짧은 반야심경만은 지금 이 시대의 언어로 처음부터 함께 다시 읽어보자." 이런 마음으로 쓴 책입니다.

경전을 해설하려 들기보다, 반야심경 한 구절 한 구절을 우리 삶의 자리로 옮겨 놓아 보고 싶었습니다.

장사하는 사람, 가정을 꾸리는 사람, 몸과 마음이 지쳐 있는 사람, 나이 들어 하루하루를 버티듯 살아가는 사람, 그 누구라도 책을 덮는 순간 "아, 이게 내 이야기였구나. 반야심경이 멀리 있는 소리가 아니었구나." 이렇게 조금이라도 느낄 수 있다면, 그걸로 이 책은 제 역할을 다 한 것이라고 믿고 싶습니다.

그리고 저는 이렇게도 믿어보고 싶습니다. 배우기도 어렵고, 알려주기도 어렵지만, 그래서 포기해 버리는 것이 아니라, 그 어려움 덕분에 우리는 서로에게 조금 더

조심스럽고, 조금 더 따뜻해질 수 있다고.

이 책을 끝까지 함께 걸어와 주신 독자님께 마음 깊이 감사드리며, 배우기도 어렵고 알려주기도 어려운 이 길 위에서 우리 각자의 관자재보살이 조용히 눈을 뜨기를 바라봅니다.

덧붙여 한마디만 더 적고 싶습니다. 이 책에는 산스크리트 반야심경 원문을 구절마다 나누어 해설과 함께 실었고, 뒤에는 전체 산스크리트 원문도 한 번에 볼 수 있도록 붙였습니다. 학자들이 사용하는 본문과 판본 차이도 있고, 저마다 교감하는 방식에 따라 약간씩 뉘앙스가 달라질 수 있습니다. 그럼에도 독자님께서는 "아, 산스크리트 반야심경 원문은 대략 이런 흐름이구나" 하고 느낌을 잡아 보시는 정도로만 받아들여 주시면 좋겠습니다. 세밀한 문헌 비평보다는, 부처님의 말씀이 멀지 않은 언어로 우리 곁에 다가와 있다는 인연을 한 번 같이 느껴보자는 마음으로 실었습니다.

『초역 반야심경』을 마치며.

옮겨 엮은이 정사장(正事長)

산스크리트 반야심경 전문

1) 제목

प्रज्ञापारमिताहृदयम्

프라즈냐파라미타 흐리다얌

지혜의 피안, 반야바라밀다의 '마음(핵심) 경'이다.

2) 관자재보살이 반야를 관하다

आर्यावलोकितेश्वरो बोधिसित्त्वो

아리야아발로키테쉬바라 보디삿트보

거룩한 관자재보살께서,

गंभीरायां प्रज्ञापारमितायां चर्यां चरमाणो व्यवलोकयति
स्म ।

감비라얌 프라즈냐파라미타얌 차랴얌 차라마노 뱌발로카야

티 스마

깊은 반야바라밀다를 수행하실 때 두루 관찰하시어,

पञ्चस्कन्धाःतांश्च स्वभावशून्यान् पश्यति स्म ।

판짯스칸다하 타암슈차 스바바와슈냐안 파샤야티 스마

다섯 가지 온이 본성부터 모두 공함을 보셨다.

3) 색즉시공·공즉시색

इह शारिपुत्र रूपं शून्यता शून्यतैव रूपम् ।

이하 샤리푸트라 루팜 슈냐타 슈냐타이와 루팜

사리자여, 색은 공이요, 공이 바로 색이다.

रूपान्न पृथक्शून्यता शून्यताया न पृथग्रूपम् ।

루파안나 프르타크슈냐타 슈냐타야아 나 프르탁루팜

색과 공은 서로 떨어져 있지 않다.

यद्रूपं सा शून्यता या शून्यता तद्रूपम् ।

야드루팜 사아 슈냐타 야아 슈냐타 타드루팜

무엇이 색이냐 하면 곧 그것이 공이요, 무엇이 공이냐

하면 곧 그것이 색이다.

एवमेव वेदनासंज्ञासंस्कारविज्ञानानि ।

에와메와 베다나산냐아상스카라비즈냐아나니

이와 같이 수·상·행·식도 모두 그러하다.

4) 모든 법은 공을 모습으로 삼다

इह शारिपुत्र सर्वधर्माःशून्यतालक्षणा अनुत्पन्ना
अनिरुद्धा अमला अविमला अनूना अपरिपूर्णाः ।

이하 샤리푸트라 사르바달마하 슈냐타라크샤나아 안웃판나아

아니루드디아 아말라 아비말라 아눈나아 아파리푸르나하

사리자여, 모든 법은 공을 모습으로 삼아, 나지 않고 멸

하지 않고, 더럽지 않고 깨끗하지 않고, 줄지도 늘지도
않는다.

5) 오온도 없고, 육근·육경도 없다

तस्माच्छारिपुत्र शून्यतायां न रूपं न वेदना न संज्ञा न
संस्कारा न विज्ञानानि।
타스마앗샤리푸트라 슈냐타야암 나 루팜 나 베다나 나 산냐
아 나 상스카라아 나 비즈냐아나니
그러므로 사리자여, 공의 자리에는 색도 없고, 수·상·행·
식도 없다.

न चक्षुश्रोत्रघ्राणजिह्वाकायमनांसि।
나 칵슈흐슈로트라그라나지흐와카야마나암시
눈·귀·코·혀·몸·뜻도 없다.

न रूपशब्दगंधरसस्पर्षटव्यधर्माः।

나 루파샵다간다라사스프라슈타브야달마하

형색·소리·냄새·맛·촉·법(마음의 대상)도 없다.

न चक्षुर्धातुर्यावन्मनोविज्ञानधातुः।

나 칵슈르다툴야완 마노비즈냐아나다툭

눈의 세계에서부터 의식의 세계에 이르기까지도 없다.

6) 12연기와 사성제의 부정

न अविद्या न अविद्याक्षयः।

나 아비댜아 나 아비냐악샤야하

무명도 없고, 무명의 다함도 없다.

यावन्न जरामरणं न जरामरणक्षयो न
दुःखसमुदयनिरोधमार्गः।

야와안나 자라마라남 나 자라마라나크샤요 나 두크하사무

다야니로다마르가하

늙음과 죽음도 없고, 늙음·죽음의 다함도 없고, 고·집·

멸·도의 길도 없다.

7) 얻을 것도 없고, 얻지 못함도 없다

न ज्ञानं न प्राप्तिर्न अप्राप्तिः।

나 냐아남 나 프라아프티르 나 아프라아프티흐

지혜도 없고, 얻을 것도 없고, 얻지 못함도 없다.

8) 반야바라밀에 의지하여, 마음에 가림 없이 머문다

तस्मादप्राप्तित्वाद्बोधिसत्त्वानां

प्रज्ञापारमितामाश्रित्य विहरत्यचित्तावरणः।

타스마아다프라아프티트와드 보디삿트와아남 프라즈냐파
라미타암아슈리탸 비하라탸아찟타아바라나하

그러므로 얻을 것이 없기 때문에, 보살들은 반야바라밀
다에 의지하여 마음에 가림 없이 머문다.

चित्तावरणनास्ततित्वादत्रस्तो विपिर्यासातिक्रान्तो
निष्ठानिर्वाणप्राप्तः॥

찟타아바라나나아스티트와다 트라스토 비파랴사아티크란
토 니쉬타니르와나프라아프타하

마음의 가림이 없으므로 두려움이 없고, 전도된 생각을
이미 넘어, 열반의 궁극에 이른다.

9) 삼세의 모든 부처님과 반야바라밀다

त्र्यध्वव्यवस्थिताःसर्वबुद्धाः

트랴드와비야와스티타하 사르바붓다하

삼세에 머무는 모든 부처님들은,

प्रज्ञापारमितामाश्रत्यानुत्तरां
सम्यक्सम्बोधमिभसिंबुद्धाः॥

프라즈냐파라미타암아슈리탸아눗타라암 삼얏삼보디맙히
삼붓다하

반야바라밀다에 의지하여 위없는 바른 깨달음을 이루
셨다.

10) 반야바라밀다는 큰 진언이다

तस्माज्ज्ञातव्यं प्रज्ञापारमिता महामन्त्रो
महाविद्यामन्त्रो ऽनुत्तरमन्त्रो ऽसमसममन्त्रः।

타스마아지냐아타브얌 프라즈냐파라미타아 마하아만트로
마하아비댜아만트로 아눗타라만트로 아사마사마만트라하

그러므로 알아야 하니, 반야바라밀다는 큰 진언이요, 큰 지혜의 진언이요, 위없는 진언이요, 비길 데 없는 진언이다.

सर्वदुःखप्रशमनः। सत्यममिथ्यत्वात्
प्रज्ञापारमितायामुक्तो मन्त्रः। तद्यथा

사르바두크하프라샤마나하 사탸마미댜트와아트 프라즈냐
파라미타야암욱토 만트라하 타댜타

모든 괴로움을 가라앉히는 것이며, 참으로 거짓이 아니
므로 반야바라밀다에서 이렇게 주문을 설한다. 그 내용
은 이와 같다.

11) 마침 주문

गते गते पारगते पारसंगते बोधि स्वाहा ॥

가테 가테 파라가테 파라상가테 보디 스바하

가라, 가라, 저 언덕으로 가라, 온전히 저 언덕으로 가
라, 깨달음이여 이 이루어짐이여!

관자재보살 행심반야바라밀다시
(Avalokiteśvara prajñāpāramitāṃ
caramāṇaḥ 아발로키테쉬바라 프라즈냐파
라미타암 차라마나하)

관자재보살(Avalokiteśvara 아발로키테쉬바라)

- Avalokite**ś**vara
  - Ava: 가까이 다가와
  - Lokita: 조용히 바라보고
  - Īśvara: 흔들리지 않는 넉넉한 존재

셋을 하나로 읽으면 "누군가를 바라보는 내가 아니라,
나를 바라보는 나"라는 뜻으로 풀 수 있습니다.

행심반야바라밀다시(prajñāpāramitāṃ caramāṇaḥ 프라즈냐파라미타암 차라마나하)

- prajñāpāramitāṃ(프라즈냐파라미타암)
  - 지혜의 저 언덕, 지혜의 피안(彼岸)
- caramāṇaḥ(차라마나하)
  - 걸어가며, 실천하며, 행하고 있는 상태

둘을 연결하면 "깊은 반야바라밀다의 삶을 실제로 살아가며, 그 길을 한 걸음 한 걸음 밟아갈 때"라는 뉘앙스를 가집니다.

조견오온개공
(vyavalokayan pañca skandhān tāṃś ca svabhāva-śūnyān paśyati sma 브야발로카얀 판차 스칸단 타암슈 차 스바바와 슈냐안 파샤티 스마)

- Vyavalokayan(브야발로카얀)

  ○ 깊이 바라보며, 깊이 비추어 보며

- Pañca(판차)

  ○ 다섯

- Skandhān(스칸단)

  ○ 온(蘊), 다섯 가지 쌓인 요소들(색·수·상·행·식)

- tāṃś ca(타암슈 차)

  ○ 그것들을 모두

- svabhāva-śūnyān(스바바와 슈냐안)

  ○ 본래 자성이 비어 있는, 처음부터 고정된 실체가

없는

- paśyati sma(파샤티 스마)
  - (그렇게) 보게 되었다, 보았다

정리하면 이렇습니다.

- vyavalokayan pañca skandhān…

  다섯 온을 깊이 비추어 보며,

- …tāṃś ca svabhāva-śūnyān paśyati sma

  그것들이 본래 자성이 비어 있음을 보게 되었습니다.

도일체고액
(tārayan sarva-duḥkha-praśamanaṃ 타라얀 사르바-두카-프라샤마남)

전해 내려오는 산스크리트에는 '고통을 건넌다'는 어법
에 조금 다른 두 가지가 있습니다.

1 tārayan sarva-duḥkha-praśamanaṃ

- tārayan(타라얀)

  ○ "건너게 하여, 건너가게 하며"

- sarva-duḥkha(사르바-두카)

  ○ "모든 고통을"

- praśamanaṃ(프라샤마남)

  ○ "가라앉는 자리로, 잦아드는 상태로"

: "모든 고통을 가라앉는 자리로 건너가게 하며"

2 saṃskṛta-duḥkhaṃ vyatītya

- saṃskṛta-duḥkhaṃ(상스크리타-두카암)

    ◦ "조건 지어진 고통, 인연 따라 생겨난 고통을"

- Vyatītya(뱌티티야)

    ◦ "초월하여 넘어가며, 건너가며"

: "조건 지어진 고통을 초월하여 넘어가며"

1은 "모든 고통을 잦아드는 자리로 건너가게 한다."
2는 "인연 따라 생겨난 고통을 초월하여 넘어간다."

표현은 조금 달라도, 두 가지가 가리키는 핵심은 같습니다. 고통이 마술처럼 사라지는 것이 아니라, 고통을 붙잡고 있던 '나라는 착각'이 가벼워질 때 고통도 함께 희미해집니다.

사리자 색불이공 공불이색
(Śāriputra rūpaṃ na pṛthak śūnyatāyāḥ śūnyatā na pṛthak rūpāt 사리푸트라 루팜 나 프라탁 슈냐타야하 슈냐타 나 프리탁 루팟)

사리자(Śāriputra)

- Śāriputra(사리푸트라)
  - 전통적으로는 부처님의 대표적인 지혜로운 제자
  - 이 책에서는 논리와 지식으로 이해하려는 마음을 상징하는 인물로 읽음

색불이공(rūpaṃ na pṛthak śūnyatāyāḥ 루팜 나 프라탁 슈냐타야하)

- rūpaṃ(루팜)
  - 색(色), 형태, 모습

- na pṛthak(나 프리탁)

  ◦ 따로 분리되지 않는다, 다르지 않다

- śūnyatāyāḥ(슈냐타야하)

  ◦ 공(空)의 성질, 공성(空性)

"색은 공의 성질과 따로 분리되지 않는다."

공불이색(śūnyatā na pṛthak rūpāt 슈냐타 나 프리탁 루팟)

- Śūnyatā(슈냐타)

  ◦ 공(空), 공성(空性)

  ◦ 단순한 '텅 빔'이 아니라, 고정된 실체가 없음(not fixed)을 가리킴

- na pṛthak(나 프리탁)

  ◦ 따로 분리되지 않는다

- Rūpāt(루팟)

  ◦ 색(色)으로부터, 모습으로부터

"공은 색으로부터 따로 분리되어 있지 않다."

Śūnyatā(공, 空)에 대한 부록 메모

- Śūnyatā(슈냐타)

  - 흔히 '공'으로 옮기지만, 이 책에서는 not fixed(고정되어 있지 않음)이라는 뜻을 특히 강조함. "아무것도 없다"는 허무가 아니라 "모든 것이 인연 따라 잠시 그렇게 드러날 뿐 단단한 실체는 없다"는 통찰을 가리킵니다.

색즉시공 공즉시색
(rūpaṃ śūnyatā sā eva śūnyatā rūpaṃ sā eva 루팜 슈냐타 사 에바 슈나타 루팜 사 에바)

전통적인 산스크리트 원문은 한 줄로 이렇게 나옵니다.

rūpaṃ śūnyatā śūnyataiva rūpam(루팜 슈냐타 슈냐타이바 루팜)

이 한 줄을 두 방향으로 나누어 보겠습니다.

색즉시공 — rūpam śūnyatā sā eva

- Rūpam(루팜)
  - 색(色), 형체, 모습
- Śūnyatā(슈냐타)
  - 공(空), 공성(空性)

- 고정되어 있지 않음/단단한 실체가 없음/영구한 본질이 없음

- sā eva(사 에바)

  - "그것이 바로 그것이다", "곧 ~ 그 자체이다"

: 색은 곧 공 그 자체이다.

공즉시색— śūnyatā rūpam sā eva

- Śūnyatā(슈냐타)

  - 공(호), not fixed의 진실

- Rūpam(루팜)

  - 색(色), 드러난 형태

- sā eva(사 에바)

  - "그것이 바로 그것이다"

: 공은 곧 색으로 드러난다.

정리하면

- 색즉시공(rūpam śūnyatā sā eva)

→ "보이는 모든 것은 그 본성이 not fixed(고정되어 있지 않음)인 공 그 자체이다."

• 공즉시색(śūnyatā rūpam sā eva)

→ "고정됨이 없다(not fixed)라는 진실(공)은 언제나 형체와 사건(색)으로 드러난다."

수상행식 역부여시

(tathaiva vedanā saṃjñā saṃskāra vijñānāḥ śūnyāḥ 타타에바 베다나 상즈냐 상스카라 비즈냐나 슈냐하)

"그와 정확히 같은 방식으로, 느낌·생각·의지·의식도 공(空), 즉 고정되어 있지 않다(not fixed)." 여기서 tathaiva(타타에바)는 "정확히 그와 같이, 똑같이"라는 뜻으로, 앞의 색즉시공에서 말한 원리가 고스란히 수상행식에도 그대로 적용된다는 뜻을 강조합니다.

- 수 — vedanā(베다나)

느낌, "좋다·싫다" 하는 감정의 결

- 상 — saṃjñā(상즈냐)

표상, 개념, 기억, 분별, 이름 붙이기

- 행 — saṃskāra(상스카라)

의지, 습관, 성향, 의도, 심리적 움직임의 흐름

- 식 — vijñāna(비즈냐나)

알아차림, 분별하는 의식, '지금 여기'의 인식 작용

- śūnyāḥ(슈냐하):

공, 고정된 실체가 없음(not fixed)

이렇게 보면 반야심경은 단지 철학적인 개념을 말하는 것이 아니라, "몸과 마음을 이루는 모든 요소가 본래부터 고정된 실체가 없다(not fixed)라는 사실을 아주 구체적인 언어로 짚어주는 경전"이라고 다시 한 번 정리할 수 있습니다.

사리자 시제법공상
(Śāriputra, iyaṃ sarvadharmāṇāṃ śūnyatā-lakṣaṇā 샤리푸트라, 이얌 사르바다르마남 슈냐타-락샤나)

- Śāriputra(샤리푸트라): 사리자

- iyaṃ(이얌): 이것은

- sarva-dharmāṇām(사르바-다르마남): 모든 법(모든 현상)들의

- śūnyatā(슈냐타): 공, 고정된 자성이 없음, not fixed

- lakṣaṇā(락샤나): 모습, 성질, 특징

"사리푸트라여, 이것은 모든 법들이 '공'이라는 특징이다." = "사리자여, 모든 법은 공한 모습이다, 곧 고정된 실체가 없다(not fixed)."

불생불멸
(na jāyate, na mriyate 나 자야테, 나 미리야테)

- na(나): ~않다, 아니다

- jāyate(자야테): 태어난다, 생겨난다

- mriyate(미리야테): 죽는다, 소멸한다

"생겨나지도 않고, 소멸하지도 않는다." = "실체가 없으니, 진짜로 '처음 생겼다/완전히 끝났다'고 할 수 없다."

불구부정
(na aśuci, na śuci 나 아슈치, 나 슈치)

- aśuci(아슈치): 더러움
- śuci(슈치): 깨끗함

"더러운 것도 아니고, 깨끗한 것도 아니다." 마음은 본래 "더러울 수밖에 없는 성질"도 아니고, "처음부터 완전히 깨끗한 성질"도 아니다. 조건 따라 더럽혀지기도 하고 맑아지기도 하는 열린 흐름일 뿐입니다.

부증불감
(na vardhate, na hīyate 나 바르다테, 나 히야)

- vardhate(바르다테): 증가한다, 늘어난다

- hīyate(히야테): 감소한다, 줄어든다

"늘어나지도 않고, 줄어들지도 않는다. '이미 고정된 실체가 없으니, '나'라는 실체가 커졌다/작아졌다'는 말 자체기 착각 위에 세운 문장이 됩니다.
네 구절이 함께 말하는 한 가지 진실 — 고정됨이 없다.

마지막으로 네 구절을 한 줄씩 다시 모아 보면:

1. 사리자 시제법공상 → "모든 법은 본래 공한 모습

이다.” → 모든 것은 본래 고정된 실체가 없다(not fixed).

2. 불생불멸 → “실체가 없으니, 생긴 적도 사라진 적도 없다.”

3. 불구부정 → “실체가 없으니, 본래 더러운 것도 깨끗한 것도 없다.”

4. 부증불감 → “실체가 없으니, 늘어나지도 줄어들지도 않는다.”

즉, 이 네 구절은 서로 다른 네 개의 이야기를 말하는 것 같지만, 실은 한 가지를 네 방향에서 조명하는 말입니다. “고정된 나, 고정된 실체는 없다(not fixed).” 몸·감정·생각·성격·성공·실패까지 우리가 ‘나’라고 부르며 붙잡아 온 모든 것들이 사실은 흐름 위에 잠시 드러난 파동일 뿐이라는 것.

이것이 바로 “사리자 시제법공상 불생불멸 불구부정 부증불감”이 함께 전달하는 핵심 메시지입니다.

시고 공중무색 무수상행식
(tasmāt śūn yatāyāṃ na rūpam, na vedanā, na saṃjñā, na saṃskāra, na vijñānam 타스마트 슈냐타얌 나 루팜 나 베다나 나 상즈냐 나 상스카라 나 비즈냐나)

그러므로 공의 자리에서 보면 색·느낌·생각·의지·의식이 없다.

- tasmāt(타스마트): 그러므로, 이런 까닭으로
- śūnyatāyāṃ(슈냐타얌): 공(śūnyatā)의 자리에서, 공 가운데서
- na rūpam(나 루팜): 색이 없다
- na vedanā(나 베다나): 느낌이 없다
- na saṃjñā(나 상즈냐): 생각·관념이 없다
- na saṃskāra(나 상스카라): 의지·습관이 없다
- na vijñānam(나 비즈냐나): 의식이 없다

여기서 "없다(na ~)"는 "고정된 실체로서의 ~는 아니다"
라는 의미로 읽어야 전체 문맥과 맞습니다.

무안이비설신의

(na cakṣuḥ, na śrotraṃ, na ghrāṇam, na jihvā, na kāyaḥ, na manaḥ 나 쟉슈 나 슈로뜨람 나 그라남 나 지흐바 나 카야하 나 만하)

눈·귀·코·혀·몸·마음도 고정된 실체가 아니다

- na cakṣuḥ(나 쟉슈): 눈은 아니다(=고정된 실체가 아니다)

- na śrotraṃ(나 슈로뜨람): 귀는 아니다

- na ghrāṇam(나 그라남): 코는 아니다

- na jihvā(나 지흐바): 혀는 아니다

- na kāyaḥ(나 카야하): 몸은 아니다

- na manaḥ(나 만하): 마음도 고정된 실체가 아니다

무색성향미촉법

(na rūpaṃ, na śabdaḥ, na gandhaḥ, na rasaḥ, na spraṣṭavyaṃ, na dharmaḥ 나 루팜 나 샤브다하 나 간다하 나 라사하 나 스프라쉬타뱜 나 달마하)

형체·소리·냄새·맛·감촉·마음의 대상도 고정된 실체가 없다.

- na rūpaṃ(나 루팜): 형체는 아니다(=고정된 실체가 아님)
- na śabdaḥ(나 샤브다하): 소리는 아니다
- na gandhaḥ(나 간다하): 기는 아니다
- na rasaḥ(나 라사하): 맛은 아니다
- na spraṣṭavyaṃ(나 스프라쉬타뱜): 감촉은 아니다
- na dharmaḥ(나 달마하): 법(마음의 대상)도 고정된 실체가 아니다

무안계 내지무의식계
(na cakṣur-dhātu, na śrotra-dhātu, … na manovijñāna-dhātu 나 작슈르-다투 나 슈로뜨라-다투 나 마노-비즈냐나-다투)

눈의 세계, 귀의 세계 — 의식의 세계도 고정된 실체가 없다.

- cakṣur-dhātu(작슈르-다투): 눈의 세계(안계)
- śrotra-dhātu(슈로뜨라-다투): 귀의 세계(이계)
- manovijñāna-dhātu(마노-비즈냐나-다투): 의식의 세계 (의식계)

여기서도 na ~ dhātu는 "~라는 고정된 세계·실체는 없다." 즉 "그 역시 공(not fixed)이다"라는 뜻으로 이해하면 전체 흐름과 잘 맞습니다.

*모든 반야심경에는 '무안계 내지무의식계'에서 생략해

서 눈의 세계, 의식의 세계만을 썼는데, 참고로 귀의 세계, 코의식의 세계, 혀의식의 세계, 몸의식의 세계도 포함해서 설명하겠습니다.

여섯 식(識) 계의 산스크리트/발음/뜻

1) 안식계 — 눈의식의 세계

산스크리트 원문(cakṣur-vijñāna-dhātu 작슈르 비즈냐나 다투)

- 눈으로 알아차리는 의식의 세계, 눈의식이 작용하는 영역
- "보는 의식이 펼쳐지는 범위"

2) 이식계 — 귀의식의 세계

산스크리트 원문(śrotra-vijñāna-dhātu 슈로뜨라 비즈냐나 다투)

- 귀로 알아차리는 의식의 세계, 귀의식이 작용하는 영역

- "듣는 의식이 펼쳐지는 범위"

3) 비식계 — 코의식의 세계

산스크리트 원문(ghrāṇa-vijñāna-dhātu 그라나 비즈냐나 다투)

- 냄새를 알아차리는 의식의 세계, 코의식이 작용하는 영역

- "냄새 맡는 의식이 펼쳐지는 범위"

4) 설식계 — 혀의식의 세계

산스크리트 원문(jihvā-vijñāna-dhātu 지흐바 비즈냐나 다투)

- 맛을 알아차리는 의식의 세계, 혀의식이 작용하는 영역

- "맛보는 의식이 펼쳐지는 범위"

5) 신식계 — 몸의식의 세계

산스크리트 원문(kāya-vijñāna-dhātu 카야 비즈냐나 다투)

- 촉감을 알아차리는 의식의 세계, 몸의식이 작용하는
  영역
- "차갑다·따뜻하다·아프다·닿는다 같은 감촉 의식이
  펼쳐지는 범위"

6) 의식계 — 마음의식의 세계

* 경문에 나오는 무의식계가 바로 여기를 가리킵니다.

산스크리트 원문 manovijñāna-dhātu(마노 비즈냐나 다투)

- 생각하고 분별하는 마음의식 전체가 펼쳐지는 세계
- "'생각·판단·기억·상상' 같은 의식 활동의 총체적인
  영역"

이 여섯 식 계 역시 고정된 실체가 없다(not fixed)라고
강조하고 있습니다.

무무명 역무무명진
(na avidyā na avidyā-kṣayo 나 아비드야 나 아비드야 크샤요)

- na(나)

  ◦ ~이 아니다, ~이 실체가 아니다

  ◦ 여기서는 "고정된 실체로서의 ~는 없다"

- avidyā(아비드야)

  ◦ 무명

  ◦ 진실을 있는 그대로 보지 못하는 상태

  ◦ 상처, 두려움, 욕심 때문에 왜곡해서 보는 마음의

  습관

- avidyā-kṣayo(아비드야 크샤요)

◦ avidyā(무명) + kṣaya(크샤야/크샤요: 쇠퇴, 소멸)

○ 무명의 소멸, 무명이 다한 상태

○ "잘못 보던 습관이 사라지는 자리"를 가리키지만

그 자리 자체도 고정된 실체가 아니라 과정이라는

뜻으로 쓰임

내지무노사 역무노사진

(na jarāmaraṇa na jarāmaraṇa-kṣayo 나 자
라마라나 나 자라마라나 크샤요)

- jarā(자라)
  - 늙음, 노쇠
- maraṇa(마라나)
  - 죽음
- jarāmaraṇa(자라마라나)
  - 늙음과 죽음, 노사(老死)
  - 한 생이 늙고 스러지는 전 과정을 가리킴
- na jarāmaraṇa(나 자라마라나)
  - 늙음·죽음은 고정된 실체가 아니다
  - 늙음과 죽음도 조건 따라 일어나는 과정일 뿐이라

는 뜻.

- jarāmaraṇa-kṣayo(자라마라나 크샤요)

    ◦ jarāmaraṇa(늙음·죽음) + kṣaya(쇠퇴, 소멸)

    ◦ 늙음·죽음의 소멸, 즉 고통과 윤회의 사슬이 끊어
    진 상태.

- na jarāmaraṇa-kṣayo(나 자라마라나 크샤요)

    ◦ 늙음·죽음의 소멸도 실체가 아니다.

    ◦ "고통이 다했다"는 그 자리조차 하나의 굳어 있는
    완성품이 아니라 열린 과정이라는 의미.

여기서 경에는 빠져 있는 12연기를 살펴봅니다.

1) 무명 — avidyā(아비드야)

- 뜻: 진실을 있는 그대로 보지 못하는 상태, 상황을 사
  실 그대로 보지 못하게 만드는 마음의 습관/잘못된
  앎.

2) 행 — saṃskāra(상스카라)

- 뜻: 무명에 의해 형성된 의지·습관·심리적 패턴·업적
  형성(行). 자동으로 튀어나오는 "반응 습관" 전체.

3) 식 — vijñāna(비즈냐나)

- 뜻: 대상과 나를 나누어 알아차리고 분별하는 의식.
"이건 이것이다" 하고 인식하는 마음.

4) 명색 — nāma-rūpa(나마-루파)

- 뜻: nāma(마음 쪽 요소들: 느낌·생각·의지 등) + rūpa(몸·
  형체). 이름 붙이고 기억하는 마음과 몸이 결합된 심
  신(心身)의 덩어리, 즉 "나"라는 존재가 틀을 갖추어
  가는 단계.

5) 육입 — ṣaḍ-āyatana(샤다야따나)

- 뜻: 여섯 감각의 출입구, 여섯 근(안·이·비·설·신·의).
  세상과 부딪히는 여섯 문이 열린 상태.

6) 촉 — sparśa(스파르샤)

- 뜻: 근(根)·경(境)·식(識)이 맞부딪히는 접촉. "보이는
  것과 눈, 그리고 보는 의식"이 한 번에 만나는 순간.

7) 수 — vedanā(베다나)

- 뜻: 접촉에서 일어나는 느낌. "좋다·싫다·편하다·불
  편하다" 하는 감정의 첫 반응.

8) 애 — tṛṣṇā(트리슈나)

- 뜻: 느낌에 대한 갈애, 목마름, 집착. 좋으면 더 붙잡
  으려 하고, 싫으면 밀어내려 하는 집착의 에너지.

9) 취 — upādāna(우파다나)

- 뜻: 갈애가 굳어져 "이건 내 거야" 하고 꽉 움켜쥐는
  취착, 붙잡음. "이것이 곧 나다, 이것 없으면 나는 무
  너진다"라는 집착.

10) 유 — bhava(바바)

- 뜻: 업과 집착에 의해 어떤 존재 상태가 굳어지는 것. "이렇게 살 수밖에 없다"는 존재 방식의 성립.

11) 생 — jāti(자띠)

- 뜻: 태어남. 물리적 탄생만이 아니라, 하나의 삶의 패턴, 관계, 존재 방식이 새로이 생겨나는 것.

12) 노사 — jarāmaraṇa(자라마라나)

- 뜻: jarā(노쇠) + maraṇa(죽음). 늙어감과 죽음, 즉 한 생·한 패턴이 낡고 무너지고 사라지는 전 과정.

12 연기를 산스크리트와 발음까지 한 줄로 이어 쓰면:

avidyā(아비드야, 무명) → saṃskāra(상스카라, 행) → vijñāna(비즈냐나, 식) → nāma-rūpa(나마-루파, 명색) → ṣaḍ-āyatana(샤다야따나, 육입) → sparśa(스파르샤, 촉) → vedanā(베다나, 수) → tṛṣṇā(트리슈나, 애) → upādāna(우

파다나, 취) → bhava(바바, 유) → jāti(자띠, 생) →
jarāmaraṇa(자라마라나, 노사)

반야심경의 "무무명 역무무명진 내지무노사 역무노사
진"은 바로 이 12연기 전부와 각각의 "소멸(…진)"까지를
한 번에 쓸어 담아서, "이 모든 고리와 그 소멸조차 본래
고정된 실체가 아니다(not fixed)"라고 말합니다.

무고집멸도
(na duḥkham, na samudayaḥ, na nirodhaḥ, na mārgaḥ 나 두크함, 나 사무다야하, 나 니로다하, 나 마르가)

- duḥkha(두크하/두크함)
  - 괴로움, 고통, 만족스럽지 않음
- na duḥkham(나 두크함)
  - 고통은 실체가 아니다.
  - "고통을 단단한 덩어리로 붙잡을 수 없다."
- samudaya(사무다야)
  - 모여 일어남, 집기, 고통의 원인·집합
- na samudayaḥ(나 사무다야하)
  - 고통의 원인 또한 고정된 실체가 아니다.
- nirodha(니로다)

- ◦ 멈춤, 소멸, 고통의 소멸
- na nirodhaḥ(나 니로다하)
  - ◦ 고통의 소멸도 실체가 아니다.
- mārga(마르가)
  - ◦ 길, 도, 수행의 길
- na mārgaḥ(나 마르가하)
  - ◦ 그 길 역시 고정된 실체가 아니다.

네 단어 모두 앞에 na를 붙여 "실체가 아니다/not fixed"
로 선언하고 있습니다.

무지역무득
(na jñānam, na prāptiḥ 나 냐남, 나 프라프
티하)

- jñāna(냐나/냐남)

  - 지혜, 앎, 깨달음

- na jñānam(나 냐남)

  - 지혜를 실체나 소유물로 볼 수 없다.

- prāpti(프라프티)

  - 얻음, 획득

- prāptiḥ(프라프티히/프라프티하)

  - 얻는 것, 획득이라는 상태

- na prāptiḥ(나 프라프티하)

  - 얻을 만한 고정된 실체는 없다.

이무소득고
(anupalambha-yogena 아누팔람바 요겐)

- Anupalambha(아누팔람바): 잡히지 않음, 포착할 수 없음

  - yoga: 결합, 상태, 방식

  - -ena : ~으로 인하여, ~에 의해

"포착할 만한 것이 없음으로 인해" = 무소득이기 때문에

- Aprāptitvāt(아프라프티트바트)

  - a-: 아니다, 부정

  - prāpti: 얻음, 획득

  - -tvāt: ~이기 때문에(~라는 성질 때문에)

"획득함이 없기 때문에" = 얻을 것이 없기 때문에(무소득고)

보리살타
(bodhisattva 보디사뜨바)

- bodhi(보디): 깨달음, 깨어 있는 앎

- sattva(사뜨바/삿뜨바): 존재, 생명, 살아 있는 존재

bodhisattva는 깨달음을 향해 가는 존재, 깨달음의 길 위에 선 존재. 반야심경에서는 "깨달음을 향해 가는 모든 사람", 즉 독자님 자신을 가리키는 말입니다.

의반야바라밀다고
(prajñā-pāramitāyām āśritya 프라즈냐 파
라미타얌 아쉬리챠)

- prajñā(프라즈냐)

  - 반야, 지혜

  - 모든 것이 고정되지 않음을 정확히 보는 눈

- pāramitā(파라미타)

  - 피안(彼岸)에 이름, 완성, 건너감

- prajñā-pāramitā(프라즈냐 파라미타)

  - 반야바라밀다, 지혜의 완성,

  - "not fixed를 제대로 보는 지혜로 건너감"

- prajñā-pāramitāyām(프라즈냐 파라미타얌)

  - 반야바라밀다 안에서/그것에 의지하여

- āśritya(아쉬리챠)
  - 의지하여, 기대어

"반야바라밀다에 의지하여", "모든 것이 고정되지 않음을 보는 지혜에 기대어 건너가며"

심무가애
(citta-avarṇa-abhāvaḥ 찟따 아바르나 아바바하)

- citta(찟따)": 마음, 의식, 심왕
- avarṇa(아바르나): 덮음, 가림, 장벽, 장애
- abhāva(아바바): 없음, 부재

citta-avarṇa-abhāvaḥ = "마음(citta)을 가로막는 장벽(avarṇa)이 부재(abhāva)하다."

"마음에는 본래 실체적 장벽이 없다."

무가애고
(cittāvaraṇa-nāstitvāt 찟따아바라나 나스티
뜨밧)

- citta-avarṇa(찟따아바라나)

  - citta(찟따): 마음

  - āvaraṇa/avarṇa(아바라나): 가림, 장벽, 장애 → cittāvaraṇa

    : 마음의 장벽, 마음을 가리는 장애(=罣礙)

- nāstitvāt(나스티뜨밧)

  - na asti(나 아스티): ~이 없다

  - -tvāt(뜨밧): ~이기 때문에, ~로 인해서(원인·이유를

    나타내는 어미) → nāstitvāt: "없기 때문에"

"마음의 장벽이 없기 때문에"

무유공포
(abhayaḥ 아바야하)

- a-(아): 아니다, 없음(부정 접두사)

- bhaya(바야/바이야): 두려움, 공포

"두려움 없음, 공포 없음"

원리전도몽상

(viparyāsa-vikṣepa-pratipra sthānam 비팔야사 빅셰빠 프라티프라스타)

- viparyāsa(비팔야사): 전도, 뒤바뀐 견해, 거꾸로 봄

- vikṣepa (빅셰빠): 흩어짐, 산란, 마음을 흔드는 망상

- pratiprasthāna (프라티프라스타나): 떠남, 멀어짐, 떠나

  가게 함

"전도된 망상에서 멀어짐, 떨어져 나감"

구경열반
(nirvāṇaḥ paramaḥ 니르바나하 파라마하)

- nirvāṇa(니르바나)
  - 불어서 끔, 꺼짐
  - 집착과 번뇌의 불이 꺼진 상태
- parama(파라마)
  - 최고의, 궁극의, 더 이상 갈 데가 없는

"궁극의 열반, 더 이상 나아갈 곳이 없는 완전한 열반"

삼세제불
(trikāla-buddhāḥ 뜨리칼라 붓다하)

- tri(뜨리): 셋

- kāla(칼라): 시간, 시대

- trikāla(뜨리칼라) : 세 시대, 삼세(과거·현재·미래)

- buddha(붓다): 깨달은 이, 부처

- buddhāḥ(붓다하): 복수형 "부처들"

trikāla-buddhāḥ = "세 시대(과거·현재·미래)의 부처들" =

삼세제불

의반야바라밀다고
(prajñā-pāramitām āśritya 프라즈냐 파라
미탐 아쉬리챠)

반야심경 산스크리트에서는 다음과 같은 구조로 나옵
니다. sarva-buddhāḥ prajñā-pāramitām āśritya. 여기
서 우리가 필요한 핵심은 뒤의 이 부분입니다. prajñā-
pāramitām āśritya 프라즈냐 파라미탐 아쉬리.

- prajñā(프라즈냐)
  - 반야, 지혜
  - 모든 것이 고정된 실체가 없음을(not fixed) 꿰뚫
    어 보는 눈
- pāramitā(파라미타)
  - 피안에 이름, 건너감, 완성

- prajñā-pāramitā(프라즈냐 파라미타)

  ◦ 반야바라밀다, 지혜의 완성

  ◦ "모든 것이 고정됨이 없는 것을(not fixed) 정확히 봄으로써 괴로움의 언덕에서 자유의 언덕으로 건너 감"

- prajñā-pāramitām(프라즈냐 파라미탐)

  ◦ 반야바라밀다(를) - 목적격 형태

- āśritya(아쉬리챠)

  ◦ 의지하여, 기대어

prajñā-pāramitām āśritya = "반야바라밀다에 의지하여"

득아뇩다라삼먁삼보리
(anuttarāṃ samyak- saṃbodhim 아눗따라
암 삼약 썸보딤)

읽기 편하게 하면, "아눗따라 삼약 삼보딤/삼보디"

- anuttara(아눗따라)
  - 더 이상 위가 없는, 최고의, 무상(無上)
- samyak(삼약)
  - 바르게, 올바르게, 완전히
- saṃbodhi(삼보디)
  - 완전한 깨달음
- anuttarāṃ samyak-saṃbodhim
  - "무상(최상)의 바르고 완전한 깨달음(을)"= 아누다
    라삼묘삼보리 = 무상정등정각 = 더할 수 없이 높

고, 바르고, 온전한 깨달음

그리고 반야심경은 여기에 조용하지만 아주 또렷한 한 줄을 숨겨 놓습니다. "그 길 위에 지금 서 있는 이도, 다름 아닌 이 글을 읽고 있는 독자님 자신입니다."

고지반야바라밀다
(tasmāt jñātavyaṃ prajñā- pāramitā 타스
마트 냐따브얌 프라즈냐 파라미타)

- tasmāt(타스마트): 그러므로, 이런 까닭으로

- jñātavyam(냐따브얌): 알아야 한다, 마땅히 알아야 할
  것

- prajñā-pāramitā(프라즈냐 파라미타): 반야바라밀다, 지
  혜의 완성

"그러므로 반야바라밀다는 마땅히 알아야 할 바이다."

시대신주
(mahā-mantraḥ 마하 만뜨라하)

- mahā(마하): 큰, 위대한

- mantra(만뜨라): 진언, 마음을 바꾸는 말. mahā-mantraḥ "위대한 진언"

시대명주
(mahā-vidyā-mantraḥ 마하 비드야 만뜨라하)

- mahā(마하): 큰

- vidyā(비드야): 앎, 지혜, 밝음

- mantra(만뜨라): 진언 "큰 지혜의 진언, 큰 밝음의 주문"

시무상주
(anuttara-mantraḥ 아눗따라 만뜨라하)

- anuttara(아눗따라): 위가 없음, 더할 나위 없음, 무상 (無上)
- mantraḥ(만뜨라하): 진언 "무상의 진언"

시무등등주
(asamasama-mantraḥ 아사마사마 만뜨라
하)

- a-: 아니다(부정)

- sama(사마): 같다, 동등하다

- asama(아사마): 같지 않다, 비교할 수 없다

- asamasama(아사마사마): 완전히, 전혀 동등한 것이 없
는, 비길 데 없는

- mantraḥ(만뜨라하): 진언 "비교할 수 없는 진언"

능제일체고
(sarva-duḥkha-praśamanaḥ 썰와 두크하 프라샤마나하)

- sarva(썰와): 모든, 일체

- duḥkha(두크하): 괴로움, 고통

- praśamana(프라샤마나): 가라앉힘, 진정시킴, 없앰

- sarva-duḥkha-praśamanaḥ(썰와 두크하 프라샤마나): "모든 괴로움을 가라앉히는 것, 모든 고통을 없애는 힘"

진실불허
(satyaṃ amithyatvāt 샤뜨얌 아미댜뜨밧)

- satyam(샤뜨얌): 진실, 참됨
- amithyā / amithyatva(아미댜/아미댜뜨바): 거짓·허위가 아님

satyaṃ amithyatvāt: "참되고, 거짓이 아니기 때문이다."

고설반야바라밀다주

(prajñā-pāramitāyām ukto mantraḥ 프라즈냐 파라미타얌 욱또 만뜨라하)

- prajñā-pāramitāyām(프라즈냐 파라미타얌): 반야바라밀다 안에서, 반야바라밀다라는 경계에서

- uktaḥ(욱따하): 말해졌다, 설해졌다

- mantraḥ(만뜨라하): 진언

prajñā-pāramitāyām ukto mantraḥ: "반야바라밀다 안에서 설해진 진언이다."

즉설주왈
(tadyathā 따드야타)

"이와 같이" "이제 다음과 같이(진언을) 말하니"

아제아제 바라아제 바라승아제 모지사바하

반야심경의 결론, 마음이 건너가는 노래. 이 마지막 구절은 일부러 번역하지 않고 소리 그대로 남겨 둡니다. 논리로 이해하는 문장이 아니라, 마음이 따라 건너가게 하는 울림의 언어이기 때문입니다.

아제아제 — Gate Gate(가테 가테)

"가라, 가라." 한 번은 "고정된 세계를 떠나라." 또 한 번은 "그 떠남을 다시 한 번 깊이 결심하라."는 뜻으로 들을 수 있습니다.

바라아제 — Pāragate(빠라가테)

"피안으로 건너가라."

- pāra(빠라): 강 건너편, 저 언덕, 피안

무엇의 저편인가?

- 집착의 저편
- 두려움의 저편
- 전도망상의 저편
- '고정된 실체가 있다'는 믿음의 저편으로 건너가라는 초대입니다.

바라승아제 — Pārasaṃgate(빠라상가테)

"완전히, 철저히 건너가라."

- saṃ(상): 함께, 온전히, 철저히

중간에서 머뭇거리지 말고, "여기도 아니고 저기도 아닌" 애매한 자리에서 멈추지 말고, "끝까지 건너가라, 끝까지 놓아라"라는 부드럽지만 단호한 초대입니다.

모지사바하— Bodhi Svāhā(보디 스바하)

"깨달음이여, 이렇게 이루어졌습니다."

- 모지(보리, bodhi) = 깨달음

- 사바하(스바하, svāhā) = 이루어졌다, 완성되었다.

이 마지막 구절은 어떤 '위대한 존재'가 독자님에게 내리는 선언이 아니라, 독자님의 마음속 아발로키테쉬바라가 조용히 스스로에게 건네는 확인입니다. "너는 이미 이 길 위에 서 있다. 네 마음은 이미 이쪽을 향해 건너고 있다."

반야심경이 말하는 깨달음은 어딘가 멀리서 갑자기 떨어지는 선물이 아니라, "모든 것이 고정된 실체가 아니다(not fixed)"라는 사실을 지금 이 자리에서 보는 그 마음, 바로 독자의 마음 그 자체입니다.

그리고 그 마음은 이미 독자님 안에서 작동하고 있습니다.

초역抄譯 반야심경

초판 1쇄 인쇄 2026년 03월 20일
초판 1쇄 발행 2026년 03월 25일

지은이 정사장(정정철)
펴낸곳 굿모닝미디어
펴낸이 이병훈

출판등록 1999년 9월 1일 등록번호 제10-1819호
주소 서울시 마포구 동교로50길 8, 201호
전화 02) 3141-8609
팩스 02) 6442-6185
전자우편 goodmanpb@naver.com

ISBN 978-89-89874-65-2 03220

- 책값은 뒤표지에 있습니다.
- 잘못된 책은 구입하신 서점에서 바꾸어 드립니다.